Fudan University Law Review

复旦大学法律评论

第9辑第1期

Volume 9 Number 1

王　伟　主编

上海人民出版社

复旦大学法律评论

第 9 辑第 1 期

目 录

（刊名题字：程天权教授）

Fudan University Law Review

Volume 9, Number 1

CONTENTS

发现"湖北大学"时期的外国法制史教材：《国家与法的通史讲义》的文本及其评析

李　力* 　郝虹延**

摘　要： 中南财经政法大学图书馆所藏的三本《国家与法的通史讲义》属于"湖北大学"时期外国法制史教材，有着较为重要的学术价值，或可由此揭开中南财经政法大学法律史学科在"湖北大学"时期那段尘封已久、语焉不详的外国法制史的教学与研究之学术史的片断真相，也是今天考察、梳理当时"五院四系"外国法制史学科发展史进程的一个绝佳的观测点。

关键词： 外国法制史　讲义　湖北大学　五院四系

一、问题的提出

一个偶然的机会，我们在中南财经政法大学图书馆发现其馆藏的三本铅印本《国家与法的通史讲义》。[1] 在粗粗翻阅之后，初步判断这是该校在"湖北大学"时期（1958—1970 年）出版的外国法制史教材。[2] 因为一直在关注"五院四系"早期编写的法制史教材，其间难得一见外国法制史教材，所以这三本外国法制史教材引起了我们极大的研究兴趣。

翻开《中南财经政法大学学科学术发展史》，关于 20 世纪 50—60 年代法制史教材的编写情况，可见有如下的一段文字：

> 50 年代中期至 60 年代中期，卢干东、游绍尹、张梦梅等教师分别主持编著了《国家与法的理论》、《中国国家与法的历史》、《国家与法的通史》、《苏联国家与法的通史》、《中国政治思想史大纲》、《外国法律思想史》、《毛泽东论国家与法》等教材和参考资料，成为学校和其他政法院系法律史教学的重要参考资料。[3]

---

* 　李力，中南财经政法大学法学院二级教授、博士生导师。

** 　郝虹延，中南财经政法大学法学院法律史专业 2019 级博士研究生。

1 　郝虹延同学首先在南湖校区图书馆保存本阅览室（一）发现了这几本教材。在寻找这些图书资料的过程中，我们得到法学院图书分馆程芳老师、首义校区图书馆综合部王中婧老师的帮助。谨此致谢。

2 　这里所谓的"湖北大学"，是指中南财经政法大学的"湖北大学"时期（1958—1970 年）。详见栾永玉、杨灿明主编：《中南财经政法大学学科学术发展史（1948—2018）》下卷，经济科学出版社 2018 年版，第 1546—1547 页，第 1562 页。

3 　详见赵凌云主编：《中南财经政法大学学科学术发展史》，中国财政经济出版社 2003 年版，第 219 页。栾永玉、杨灿明主编：《中南财经政法大学学科学术发展史（1948—2018）》上卷，经济科学出版社 2018 年，第 590—591 页。案：在此所列举的教材中，今中南财经政法大学图书馆有藏，且在"孔夫子旧书网"可见有售的，仅《毛泽东论国家与法》（湖北大学法律系国家与法的理论和历史教研室编，1959 年 10 月，武汉，铅印本，142 页，19 cm），据其"说明"（店家提供的书影照片）可知，"这本书的编辑，是在党委领导下，由本室教师与本校法律系部分同学共同进行的"。当时的署名多是法律系某某教研室，很少有个人署名的。

这里有三个信息值得注意：（1）《国家与法的通史》或与馆藏教材《国家与法的通史讲义》有关。（2）这些教材作为"重要的参考资料"，曾在当时的法学界产生一定的学术影响。（3）前辈学者卢干东先生、游绍尹先生、张梦梅先生，应是编写这些教材的主要力量。其中，游绍尹先生（已故）曾主持这个时期中国法制史教材的编写工作。[4]

此外，从这段文字的叙述似可意测，中南财经政法大学法律史学科发展史的执笔者，当年很可能没有看到过我们所发现的馆藏铅印本《国家与法的通史讲义》教材的实物。而且，关于该《国家与法的通史》教材的具体情况，拙目所及，亦未见到本校专门研究外国法制史的学者从学术史的角度进行评介。因此，今见中南财经政法大学图书馆所藏这三本外国法制史教材，有着较为重要的学术价值。或可由此揭开中南财经政法大学法律史学科在"湖北大学"时期那段尘封已久、语焉不详的外国法制史的教学与研究之学术史的片断真相。

客观地讲，"五院四系"早期校内自编的法学教材，大多受到其性质、载体（限于技术和物质条件大多为油印本）、用途和发行渠道的限制，在出版的当时恐怕就很难进入到一般图书的流通序列之中，也少有机会被其他大学的法学图书馆（法学资料室）收藏。即使在今天，通过发达的互联网旧书市场渠道，也不大容易见到其纸本实物。因此，这些教材应属于珍稀文物级的教材，对 1949 年之后新中国的法学学科史或者法律教育史而言，具有非同寻常的史料价值。

以下，本文拟以我们所发现的馆藏《国家与法的通史讲义》为中心，考察以下三个问题：其一，"湖北大学"时期这三本外国法制史教材的文本及其史料价值。其二，该教材的主要内容及其学术价值。其三，该教材在 1949 年以来的外国法律史学科发展史上占据着怎样的位置。

二、《国家与法的通史讲义》的文本及其史料价值

根据目前所掌握的资料，可知该教材的文本情况稍显复杂，特别是关于其出版时间与版本问题存有多点疑问。主要原因在于：该教材上未印刷出版时间，图书馆电脑系统所见的相关书目信息也不尽一致。

通过互联网，在学校图书馆网站"馆藏书目检索"后，可见目前藏有 4 本《国家与法的通史讲义》。经核实可知，其中，2 本收藏在南湖校区图书馆，但目前仅找到 1 本；另 2 本收藏在首义校区图书馆，均可见其实物。因此，现在一共找到 3 本该教材（以下称为 A 本和 B 本、C 本）。

1. 关于 A 本的文本情况及其相关疑难点

经检索，可见该教材 A 本的"馆藏信息"如下：

> 索书号，D（9）08-43/1；条码号，Z41501738；馆藏地，保存本阅览室（一）。流通类型，可阅览；流通状态，在馆。

目前只找到条码号为"Z41501738"的一册纸本实物。为方便起见，在此称之为 A 本。而条码号为"Z41540173"的另一册纸本实物，虽多次寻找，但至今亦未见到，猜测很可能和 A 本是同一个版本。该 A 本的馆藏地为南湖校区图书馆。

又，将电脑检索所见该教材 A 本书目信息作成表 1。

4　另有一文就此考察，即《发现"湖北大学"时期的中国法制史教材：〈中国国家与法的历史讲义〉的文本及其评析》，刊于《中西法律传统》2023 年第 2 期。

表1 《国家与法的通史讲义》A本之书目信息

题 名	国家与法的通史讲义
责任者	湖北大学国家与法的理论及历史教研室编
出版社	湖北大学
出版年	1962.7
载体形态项	237 页，20 cm
个人责任者	
中图法分类号	D（9）08-43

A本书影、读者借阅卡、第237页下部截图的照片，参见以下的图1、图2、图3。

图1 A本的封面、封底、书脊书影（作者自摄）

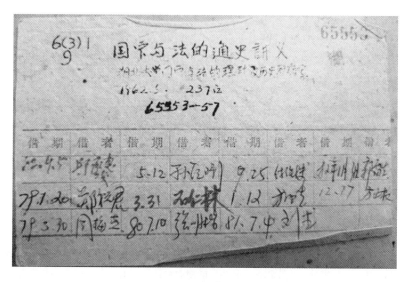

图2 A本的读者借阅卡（作者自摄）

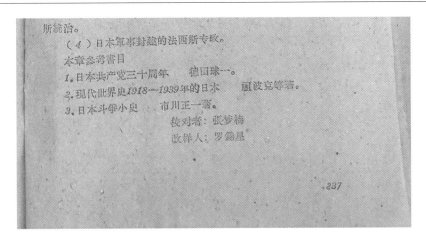

图 3　A 本第 237 页下半部截图（作者自摄）

根据以上的表 1 和图 1、图 2、图 3，关于 A 本，可获得如下的信息与认识。

（1）今见 A 本的品相稍欠佳。推测可能曾经经馆方修补过。仔细查验可知：其现在的封面，可见有印刷体文字的外层薄纸原本是粘贴在一个硬纸壳上，其右下角部分和左上部贴近书脊之处，已经开胶并翘了起来。其书脊上所见的书名，则是在硬纸壳上手写而成的。尤其是，与后述的 B 本、C 本之书脊所见的印刷体书名比较，可以判断 A 本书脊上的手写体，很可能就是在修补时加写上去的，或许原来印刷体的书名已破损脱落掉。具体情况不详。

（2）一眼看上去，图 1 就给人以一种较强烈的时代冲击感，似乎能令人感受到半个世纪时光岁月的流动。具体可见：其一，封面上盖有"湖北大学"和"中南政法学院"两个时期的图书馆馆章（两者均为蓝色，前者为椭圆形，后者为圆形），其印泥颜色的深浅透露出其时间顺序：前者是 1962 年出版后收入当时的湖北大学图书馆时所盖的，后者应是 1984 年复建"中南政法学院"时其图书馆所加盖的。其二，封面所见的书名只有"讲"字为繁体字，而书脊所见手写的书名则均为简体字，这显然是后来修补时加写上去的。此外，其下方有一行印刷体的文字："湖北大学国家与法的理论及历史教研室"，这是作者集体署名。其最下边的"62.7"为手写（不知道是何时加写的），应该是出版时间。另外，在其封底上未见有版权相关部分的文字。

（3）在图 2 的上部，可见有手写体该 A 本的相关信息，亦可据此提出几点认识。尤其值得关注的是，第一，此处所见的出版时间是：1962.5。第二，其左上角的两行数字"6（3）1/9"为其索书号，采用的是"人大图分类法"，这也是图书馆早期最普及的图书分类法，应是湖北大学时期其图书馆使用的。而电脑系统之"馆藏书目"信息所见的索书号，采用的则是后来推行的"中图法分类法"。又，其右上角有上下两行红色字体：65553/湖。这应是用印一类的东西打上去的序号，其数字是可随着需要具体调节的，而"湖"字当是"湖北大学"的简称，这很可能是湖北大学时期入馆时所打印上去的。第四行手写体"65553-57"，很可能包含入馆序号和类别。

（4）据图 2 下部，可获知 A 本的第一位借阅者及其借阅时间是：62.9.5，邱承惠；[5]而最后一

5　关于邱承惠先生的相关资料，在网上可检索到的很少。据中南财经政法大学官网之"离退休人员工作部"网页，可知其为退休教师、法学院副教授，2014 年 9 月 30 日去世，享年 90 岁。据此可推测，其大约出生在 1934 年，1962 年时大概 28 岁，具体身份不详。又检索可知，其 1984 年在当时的中南财经学院加入民盟；曾合作发表一篇俄文论文译文（H.Ⅱ.华尔别诺夫著：《论社会主义国家的团结及其政治形式的特点》，肖克瑾、邱承惠译，《中南政法学院学报》（转下页）

位借阅者及其借阅时间是:(82)12.17,方正权。[6]这个记录信息说明:其一,1962年9月5日,在这本教材刚刚出版不久,就在开学之初被邱承惠借阅。由此推测,这张读者借阅卡的建立时间应该在此之前,即该书出版入藏"湖北大学"图书馆后不久。而图书馆电脑系统中的"馆藏书目"信息的登录与建立时间应该较晚,或许是20世纪90年代之后。其二,在1977—1982年刚刚恢复法学教育时期(湖北财经学院时期),法学方面书籍相当稀少,这本教材是当时湖北财经学院法律系学生借阅的参考书。尤其是,此处可见当时在校读书的郑祝君同学(79.1.20,湖北财经学院法律系法学专业78级本科生。后留校任教,中南财经政法大学法学院教授,法律史专业博士生导师,今已退休[7])、张明楷同学(80.7.10,湖北财经学院法律系法学专业78级本科生,今清华大学法学院教授,刑法学专业博士生导师)的借阅记录。由此可推知,在20世纪80年代初期,湖北财经学院法律系自编外国法制史教材的出版并无新的进展,这本20世纪60年代初"湖北大学"时期出版的教材,即使在"湖北财经学院"时期,也不乏其存在的学术价值。

(5)关于A本的出版时间,目前所见有两个时间点:一是"1962.7"(表1)。这应是在使用电脑建立"馆藏书目"信息时,根据此教材封面手写的"62.7"(图1)登录的。二是"1962.5"(图2)。但其出版时间究竟是哪一个:1962.5?1962.7?在此,暂时倾向于"1962.5"为其出版时间,封面手写的"62.7"或为笔误。这样判断还有一个旁证,就是在湖北财经学院图书馆所编的《馆藏法学与法律书目(中文部分)》中,可见有此书如下两个版本的信息:[8]

6(3)1/9
国家与法的通史讲义
湖大 该校 62.5

6(3)1/9-2
国家与法的通史讲义
湖大 该校 63.5

左边这本的"62.5",可能是1982年整理书目时根据书后读者借阅卡上所见"1962.5"确定的。A本和B本、C本都是这个索书号,应该是左边的这个编目记录。如果"62.5"这本是第1版,那么右边的这本"63.5"或许就是该书的第2版,但今未见到其实物。这里的两版都是5月,或许当时的教材是在每年五月印刷的,因而"62.5"这个时间点比"62.7"这个时间点似乎更有说服力。

表1的"个人责任者"一项为空白。非常值得注意的是,在该教材的最后一页(第237页)末尾(图3),可见有上下排列的两个人名,依次是:

校对者:张梦梅
改样人:罗锦星

其中的"张"和"锦"二字均为繁体字。这是该外国法制史教材之中唯一可见到的署名之

(接上页)1957年第2期,第79—87页),此时大约23岁。另一译者肖克瑾,1954年毕业于中国人民大学法律系本科毕业后,分配到中南政法学院教务科工作,1979年11月回归法律专业,进入当时的湖北财经学院法律系经济法教研室从事教学,参与经济法学科的创立(参见赵凌云主编:《中南财经政法大学学科学术发展史》,中国财政经济出版社2003年版,第254页;刘可风主编:《岁月如歌——中南财经政法大学校友回忆录》,湖北人民出版社2008年版,第27、102页)。关于邱承惠先生1957—1962年的学术履历与身份,待考。

6 方正权,中南政法学院1981级法学专业本科生,曾担任宜昌市西陵区人民法院第六任院长。

7 详见栾永玉、杨灿明主编:《中南财经政法大学学科学术发展史(1948—2018)》下卷,经济科学出版社2018年版,第1329页。

8 湖北财经学院图书馆编:《馆藏法学与法律书目(中文部分)》,1982年,第48页。

处。据此推测，张梦梅当是该教材的编写者（或者说可能是主持者），负责该教材最后的校对工作。罗锦星，没有查到其相关信息，或是负责印刷技术方面的工作人员（？）。这里的"个人责任者"，或许应包括有张梦梅先生。此外，目前尚不清楚的是，此时也在湖北大学法律系任教的外国法制史学者卢干东先生、李启欣先生，在编写该教材时承担了怎样的工作。

2. 关于 B 本、C 本的文本情况及其相关问题

经检索，获得该教材 B 本、C 本的"馆藏信息"如下：

> 索书号，6（3）1/9；条码号，00076636/00038145；馆藏地，首义流通部/首义专业图书阅览室（二）。流通类型，可借阅/可阅览；流通状态，在馆。

这两个条码号的教材，今均见到其纸本的实物。在此称之 B 本、C 本，其馆藏地均在首义校区图书馆。

然后，再将电脑检索所见的该教材 B 本、C 本书目信息作成表 2。

表 2　《国家与法的通史讲义》B 本、C 本之书目信息

题　名	国家与法的通史讲义
责任者	湖北大学国家与法的理论与历史教研室
出版社	编者
出版年	［？］
个人责任者	湖北大学国家与法的理论与历史教研室
载体形态项	237 页，20 cm
中图法分类法	6（3）1

若与表 1 所见的信息比较，则表 2 所见的信息有以下的特点：

（1）"题名"与"载体形态项"两项，表 2 与表 1 所见的完全相同。

（2）"责任者"一项，表 2 较表 1 在"湖北大学国家与法的理论与历史教研室"之后少了一个"编"字。

（3）"出版社"一项不同：表 2 为"编者"，表 1 作"湖北大学"。

（4）"出版年"一项不同：表 2 直接打个"？"号，表 1 作"1962.7"。由此推测，当年在电脑系统上制作 B 本、C 本的"馆藏书目"信息时，登录信息者可能没有找到这两本书的出版时间（甚至没有看到 A 本，因为 A 本和 B 本、C 本分别放在两个校区的图书馆之中）因而不清楚如何处理这个出版时间，只好存疑。

（5）"个人责任者"一项不同：表 2 作"湖北大学国家与法的理论与历史教研室"，表 1 则为空白。

（6）"中图法分类法"一项不同：表 2 为"6（3）1"，是早期采用的"人大图分类法"；表 1 作"D（9）08-43"，则是后来推行实施的"中图法分类法"。这一差别显示 B 本、C 本与 A 本入馆的时间或许有先后之别。

由表 2 与表 1 亦可推断大致这样的一种情况：在 2000 年合并成立中南财经政法大学之前，首义校区图书馆属于湖北财经学院，南湖校区图书馆则属于中南政法学院。两个大学的图书馆，各自实施其电脑系统化、网络化工作，因此应是由两组不同的登录信息工作者分别完成其相关的馆

藏书目信息登录工作，而且当时两校的图书馆方面都不必（也不可能）看到并参考对方所编制的馆藏书目信息。

接着，再审视一下 B 本、C 本的书影及其相关信息，进而作出若干的判断。

图 4 《国家与法的通史讲义》B 本书影（作者自摄）

图 5 《国家与法的通史讲义》C 本书影（作者自摄）

根据图 4、图 5，关于 B 本、C 本，可以获得如下的认识和判断。

（1）B 本、C 本的品相，总体不错。唯 B 本封面的右下角有缺损，而 C 本封面、封底虽完整无缺，但整体上色泽显得泛黄陈旧，更给人以沧桑之感。又，其书脊上部均有印刷体书名，下部文字应为"湖北大学国家与法的理论与历史教研室编（？）"（因为贴有标签，所以 B 本只见"湖北"二字，C 本"论"字以下的则不可见。也不知最后是否有一个"编"字）。其封底上皆未见印有与版权相关的信息，其封面上只见盖有"湖北大学"图书馆之章（椭圆形，蓝色），与在 A 本上所见到的"湖北大学"图书馆之章一样。

（2）B 本与 C 本的版式、内容、页码完全相同，可以确定是同一版教材。但其问题就在于，因封面、封底都没有印刷出版时间，故现在仅凭该书实物，难以确定其出版时间。

在比对 A 本、B 本、C 本这 3 本书的纸本实物之后，则可知：其内容完全一样，页码也相同，封面、封底均无与版权相关的信息，封面也未印出版时间。只有一点区别：A 本书脊的书名为手写体（原来可能也和 B 本、C 本一样，在书脊上有印刷体书名），B 本和 C 本书脊上的书名则为印刷体。因此，目前可以确定这 3 本教材属于同一版即 1962 年版，其出版时间或为"62.5"（比较倾向于此说，但缺乏铁证）。但令人困惑的是：A 本封面底部所见手写体的"62.7"到底是怎么回事？而图 2 确定"62.5"这个出版时间的根据何在？这些恐怕只能存疑待考。又，前揭《馆藏法学与法律书目（中文部分）》所见那本出版时间为"63.5"的教材其具体情况如何？今未见到其实物，无法作出判断。

3. 这三本馆藏"湖北大学"时期 1962 年版《国家与法的通史讲义》的史料价值如何？

如果要回答这个问题，就得从 1950 年之后外国法制史学科发展的脉络谈起，尤其要以中国人民大学法律系和北京大学法律系的课程设置与教材编写作为参照物。

首先，今日"五院四系"的"外国法制史"课程，[9] 是"在新中国建立后，在苏联法学家的帮助下"，在素有法学"工作母机"之称的中国人民大学法律系首先开设的。[10] 当时的法律系是以苏联法学为师，因而将该课程的名称确定为"国家与法权通史"。[11] 根据现有资料可确定的是，林榕年先生是第一个主讲该课的中国教师，并曾于 1956 年主持撰写三册（上中下）油印本教材《国家与法权通史》，这是新中国所编写的最早的外国法制史教科书。[12]

其次，今据北京大学法学院所编的院史可知，北京大学法律系在 1954 年开设"国家与法权通史"，1956 年为了淡化苏联法学的影响，就改称为"外国国家与法的通史"；1961 年，改称为"外国国家与法的历史"，直至 1966 年。该课程教材编写的进程较为曲折：例如，1959 年（孙孝堃等）上该课时，仍使用自编《外国国家与法的通史》的油印教材。而 1961 年下半年，"外国国

9　对此未作统计，不知现在的"五院四系"是否还都开设有此课。至少我所服务的中南财经政法大学法学院目前还在开这门课。其他二三流的法学院，现在恐怕都未必开设有此课。相对于"中国法制史"研究方向而言，"外国法制史""西方法律思想史"的衰败开始得更早，其结局更甚。

10　何勤华编：《外国法制史教学参考书》，法律出版社 1999 年版，第 5 页；何勤华：《新中国外国法制史学 60 年》，载何勤华著：《比较法学史》，法律出版社 2011 年版，第 132、136 页。案：关于此，何勤华教授有专门一段文字论述："新中国成立后，在苏联法学家的帮助下，我国首先在中国人民大学开设了外国法制史课，但当时全部使用苏联的教材。至 20 世纪 50 年代末 60 年代初，我国开始仿照苏联教科书的模式，自己编写了一批外国法制史的教材，当时称《外国国家与法律制度》。但基本体系、内容、用语，几乎都是照搬苏联的。"其中的教材名称为《外国国家与法律制度》，与目前所见的不大一样。不知其根据是什么。在此暂且或可作为一说，备考。

11　恽艳茹、陈楠访问、整理：《林榕年教授访谈录》，载何勤华主编：《外国法制史研究》第 17 卷，法律出版社 2015 年版，第 12 页。

12　叶秋华：《林榕年教授与外国法制史学科的发展》，载何勤华主编：《外国法制史研究》第 17 卷，法律出版社 2015 年版，第 25 页。案：在该文末"附：林榕年教授主要论著"（34 页）中可见：林榕年：《国家与法权通史》（后改为《外国法制史讲义》）上中下 3 册，中国人民大学内部油印本教材，1956 年。林榕年：《外国法制史讲义》（3 卷本），中国人民大学出版社内部铅印版教材，1980 年版。又，关于华东政法学院的相关情况，今可知的是：1952 年至 1958 年徐轶民先生在教授"国家与法的历史"课程，并在 1956 年参与合编了《国家与法权通史》等"讲义并印发供本科生和函授生使用"。详见徐青：《徐轶民教授生平》，载徐轶民：《徐轶民法学文集》，法律出版社 2011 年版，第 1、3 页。尤其要提到的是，关于早期的油印本讲义或教材，目前没有看到过其实物，应该是相当珍贵的文物。

家与法的历史"课有教科书；1962 年上半年（由嵘）上"外国国家与法的历史"课，还是只有讲义。1963 年 9 月给新生开课，大多数专业课并没有正式的教材，"外国国家与法的历史"（杨锡娟）课只有详细大纲。[13]虽然这里的表述或为讲义或为教科书，但是仍然可以肯定：教研室并没有组织统一编写教材并在学校内部发行，而是由上课的主讲老师自己编写教学大纲、讲义或教科书，并且可能都是油印本的。

无论是中国人民大学法律系的《国家与法权通史》3 册油印本教材，还是北京大学法律系等《外国国家与法的通史》油印教材或讲义，至今我们也是只闻其声，不见其物，已难得一见，何其珍贵。

非常幸运的是，拙目所及，中南财经政法大学图书馆收藏的"五院四系"早期的外国法制史教材实物，今可见的有两种，即：北京政法学院的《外国法制史》（上下册），中国人民大学的《外国法制史讲义》（三册）。其具体信息如下：

北京政法学院法制史教研室编：《外国法制史》上下册，1981 年 4 月。其载体形态：上册，207 页，下册，191 页，20 cm。

在其封面上，可见有："湖北财经学院图书馆藏书"章（红色圆章）。其封底的右下角仅见有"定价"一项。今其馆藏地，为首义校区图书馆。

中国人民大学法律系国家与法律制度史教研室编：《外国法制史讲义》第一、二、三分册，中国人民大学 1980 年 7 月第 1 版第 1 次印刷。其载体形态：第一册，200 页，第二册，181 页，第三册，114 页，20 cm。

在其封面上，可见有："中南政法学院图书馆藏书"章（蓝色圆章），"校内用书/注意保存"（在正中间，分两行印刷）。在其封底的右下角，是版权页的相关信息（包括出版印刷时间、字数、册数、价钱）。今其馆藏地，为南湖校区图书馆。

直至 1982 年 8 月，由北京大学出版社出版陈盛清主编、林榕年和徐轶民副主编的《外国法制史》（高等学校法学试用教材，法学教材编辑部《外国法制史》编写组）。这是"在 1982 年成立的全国外国法制史研究会的指导下，在北京大学、中国人民大学以及华东、西南等政法学院的外国法制史教材的基础上"，所编写出版的"本学科第一本统编《外国法制史》教材"。[14]

如果将本文所考察的这三本《国家与法的通史讲义》教材，放在 20 世纪 50 年代以来全国的外国法制史教材出版的序列之中来看，其史料价值及其在外国法律史学科发展史上所占据的位置，就一目了然。

具体而言，至少有两点：第一，这是目前所见 1950 年以来"五院四系"最早的外国法制史铅印教科书，是研究这个时期外国法制史学科发展的可靠实物。第二，为准确把握 20 世纪 50—60 年代中南财经政法大学"湖北大学"时期的外国法制史课程名称提供了实证。

在这样的大背景下，"湖北大学"时期铅印自编的外国法制史教材《国家与法的通史讲义》，就显得独树一帜，确实是具有独特史料价值的外国法制史教材。

此外，关于中南财经政法大学在"中南政法学院"时期（1953—1958 年）外国法制史的课程设置，郑祝君教授曾在其论文中提及道：

13　李贵连等编：《百年法学——北京大学法学院院史》，北京大学出版社 2004 年版，第 231、233、241、244、245、250 页。

14　何勤华：《新中国外国法制史学 60 年》，载何勤华著：《比较法学史》，法律出版社 2011 年版，第 136 页。

1953 年，中南区原中原大学、中山大学、广西大学和湖南大学政法院系合并组建中南政法学院，中南政法学院从 1954 级开始为本科生讲授《苏维埃国家与法权通史》和《外国国家与法权通史》两门必修课。20 世纪 60 年代初期，将两门课统一为《外国法制史》，直到"文化大革命"时中断。[15]

这里没有明确提到"中南政法学院"时期之后的"湖北大学"时期的相关情况。而且，关于外国法制史课程的表述即"《外国国家与法权通史》"，与中南财经政法大学校史所载的不同：1954 年开设的课程名称是"国家与法的通史"。[16]不知这是为什么？或许是后来改"外国国家与法权通史"为"国家与法的通史"？现在至少可以确定：根据目前所见 1962 年版《国家与法的通史讲义》教材，20 世纪 60 年代初期该课程的名称应为"国家与法的通史"。

三、该教材的篇章结构、主要内容及其学术价值

该教材由"前言"和"正文"六篇、二十六章组成。为便于把握其整体架构，特将其"目录"整理为表 3。[17]

表 3　《国家与法的通史讲义》之目录

前　言		1—5 页
第一篇	奴隶制国家与法的历史	
第一章	前言	6—10 页
第二章	古东方奴隶制国家与法	10—21 页
第三章	古希腊奴隶制国家与法	21—32 页
第四章	古罗马奴隶制国家与法	32—52 页
第二篇	封建制国家与法的历史	
第一章	前言	53—56 页
第二章	法兰克封建制国家与法	56—61 页
第三章	法兰西封建制国家与法	62—73 页
第四章	英吉利封建制国家与法	73—80 页
第五章	德意志封建制国家与法	81—88 页
第三篇	资产阶级国家与法的历史	
第一章	前言	89—92 页
第二章	英国资产阶级国家与法	92—101 页
第三章	美利坚合众国资产阶级国家与法	102—111 页

15　郑祝君：《外国法律史学科的成长和独立学术品格的养成——外国法律史学科发展 60 年》，载何勤华主编：《大陆法系及其对中国的影响》，法律出版社 2010 年版，第 525—526 页；郑祝君：《外国法律史学科的成长和独立学术品格的养成——外国法律史学科发展 60 年》，《河南政法干部管理学院学报》2011 年第 4 期，第 33 页。

16　刘可风主编：《中南财经政法大学校史》，湖北人民出版社 2008 年版，第 96 页。

17　"目录"中所见的章名，与正文中所见到的，其文字略有差别（在正文中多有脱落等失误），在此以"目录"所见的为准，并略有调整。由此或可见该教材编写后期校对工作之粗。

续表

第四章	法国资产阶级国家与法	111—132 页
第五章	19 世纪初——1870 年德国的国家与法	132—137 页
第四篇	巴黎公社史	
第一章	巴黎公社——第一次无产阶级专政的尝试	138—146 页
第五篇	1871—1918 年时期资产阶级国家与法	
第一章	前言	147—148 页
第二章	1871—1918 年法国资产阶级国家与法	148—154 页
第三章	1871—1918 年英国资产阶级国家与法	155—161 页
第四章	1871—1918 年德国资产阶级国家与法	162—169 页
第五章	1871—1918 年美国资产阶级国家与法	170—174 页
第六章	1871—1918 年日本资产阶级国家与法	174—182 页
第六篇	资本主义总危机时期的资产阶级国家与法的历史（1918—1945 年）	
第一章	前言	183—186 页
第二章	德国帝国主义国家与法	187—202 页
第三章	美国帝国主义国家与法	202—210 页
第四章	英国帝国主义国家与法	211—221 页
第五章	法国帝国主义国家与法	220—229 页
第六章	日本帝国主义国家与法	229—237 页

在体例上，该教材有三个特点：（1）除了每篇第一章不设"节"，其他各章均有"节"。（2）但第四篇只设有一章。其原因不详。或是未完成稿，或是因为该篇内容过于简单。（3）几乎每章之后，都设有"本讲参考书"（某些章另有"补充参考书"），其中常见的有："教程第一、二、三分册"，[18]马恩列斯经典论著，人大版资产阶级国家法参考资料，[19]近代史教程、世界通史参考资料等。

据何勤华教授研究，1982 年统编教材出版之前编写的外国法制史教材的总体特点是：

> 在 1982 年以前，外国法制史采用"四大段"、"四大块"的体系，将外国法制史的发展分为奴隶制、封建制、巴黎公社前资本主义时期和巴黎公社、帝国主义时期资产阶级国家与法四个大的阶段，在这四大阶段中，又将论述内容分为历史概况、阶级结构、国家制度和法权的基本特征四大部分。这种体系的缺点是国家与法不分，对象不清，内容杂乱，且涉及法的内容只占整个课程的很少一部分。[20]

由此可见，在教材的篇章体例乃至其整体结构的设计方面，馆藏的"湖北大学"时期外国法

---

18 该教材没有说明这个"教程"具体是指哪本教材。猜测或是苏联学者所编的教材？或是"湖北大学"之前"中南政法学院"时期自编油印教材？或是 1956 年中国人民大学法律系林榕年先生主持编写《国家与法权通史》（三册，油印本）？存疑待考。

19 中国人民大学国家法教研室编：《资产阶级国家法参考资料》第一、二、三辑，中国人民大学出版社 1952 年版、1954 年版。案：中南财经政法大学图书馆有藏。

20 何勤华：《新中国外国法制史学 60 年》，载何勤华著：《比较法学史》，法律出版社 2011 年版，第 136 页。

制史教材《国家与法的通史讲义》，显示出其编写者对这门课程的把握程度及其编辑水平，在当时达到了比较高的水平。

其"前言"部分阐述了五个问题：（1）马列主义关于国家与法的通史是一门新的和具有党性的科学。（2）国家与法的通史科学研究的对象及与其他科学的方法。（3）国家与法的通史研究的方法——唯物辩证法。（4）研究国家与法的通史的意义。（5）国家与法的通史历史时期的划分。

其中，在第一个问题之下，就开宗明义地指出：

> 国家与法的通史作为真正的一门科学，是在十月革命胜利以后由苏联马列主义的法律学家创造出来的，在十月革命胜利以前或刚胜利时，各大学里还没有这门课，在现在的资产阶级科学中也同样没有。

> 国家与法的通史是从历史上来阐明国家与法的发展规律的科学，它与资产阶级国家以及一切剥削阶级社会科学有本质的不同，因为它是根据马列主义关于社会发展规律的学说，和国家与法的学说创造出来的，它是从唯物辩证法与历史唯物论的理论出发，客观地认识国家与法的本质，并正确的解释国家与法的发生、发展与灭亡，所以我们说国家与法的通史是一门新的科学。[21]

在此，可以清楚地看到这门课程的来源及其性质、指导理论与研究方法。特别是，这门课程与苏联法学的紧密关系。

目前可以与此作为参照比较的，就是今见中国人民大学法律系 1980 年铅印本《外国法制史讲义》（三册）。这三册教材虽然是 1980 年才铅印出版的，但是其前身却与馆藏"湖北大学"时期《国家与法的通史讲义》几乎是同时代的作品。这一点在其第一分册的编者"说明"中清晰可见：

> 这部讲义是在中国人民大学法律系国家与法律制度史教研室于 1963—1965 年编写的《世界国家与法律制度通史讲义》（油印本）的基础上编辑整理的。为了教学急需，对原稿仅作一些删节和修改，在新编教材完成以前，一方面作为暂用教材；另一方面作为讨论初稿，向有关兄弟院系征求意见。希望得到同志们的批评和指正，以利新教材编写工作的进行。

> 这次铅印出版的讲义仍照原稿的安排，分为六编，三分册：即第一编奴隶制时期，第二编封建制时期，第三编巴黎公社以前的资本主义时期，第四编巴黎公社，第五编巴黎公社以后到第一次世界大战前的资本主义时期，第六编现代资本主义时期。第一、二编为第一分册；第三、四、五编为第二分册；第六编为第三分册。

> 讲义原稿的编者和这次主要改编者是林榕年同志。梁秀如同志参加修改了第六编。[22]

其第三分册"后记"的第二段明确说明这次改编的原则与具体方案：

> 这套讲义是在 1963—1965 年版的基础上改编的，基本上保留了原来的体系安排，但作者对外国法制史的研究对象、范围和体系又有一些新的考虑，因而在改编时，略去了原讲义

---

21 湖北大学国家与法的理论与历史教研室编：《国家与法的通史讲义》，湖北大学 1962 年，第 1 页。
22 中国人民大学法律系国家与法律制度史教研室编：《外国法制史讲义》第一分册，中国人民大学 1980 年 7 月，"说明"。

的前言部分。[23]

这里提到的"1963—1965 年编写的《世界国家与法律制度通史讲义》(油印本)",其之前更早版本的教材,应该就是"1956 年林老主持撰写的上中下 3 册本《国家与法权通史》(后改为《外国法制史讲义》)","这部教材不仅使人民大学的外国法制史教学基本脱离了依赖苏联教科书的局面,也为当时普遍作为一门重要专业基础课的其他法律院校的外国法制史课程所使用,为我国外国法制史学科的独立发展奠定了重要基础,意义十分深远"。[24]

由此可知,中国人民大学《外国法制史讲义》版本的沿革关系如下:A→B→C。其中,A.1956年《国家与法权通史》,3 册油印本。B.1963—1965 年《世界国家与法律制度通史讲义》,3 册油印本。C.1980 年《外国法制史讲义》,3 册铅印出版。

由今见中国人民大学这 3 册铅印本《外国法制史讲义》,可以窥见其前身即 3 册油印本《世界国家与法律制度通史讲义》的体例结构至少有:六编、二十三章(+各编"前言"一章和全书"前言"一章。而这些"前言"部分的设计,在"湖北大学"时期的《国家与法的通史讲义》仍然可见)。

因此,"湖北大学"时期《国家与法的通史讲义》之六篇、二十六章的体例,与中国人民大学 3 册油印本《世界国家与法律制度通史讲义》的体例,大体上是一致的。这或许说明,至少在 1963—1965 年,"湖北大学"时期的外国法制史铅印本教材的编写水平,与中国人民大学的外国法制史油印本教材的编写水平,基本上处于一个层面上,虽然在一些技术性问题的处理上还存有一定的差距:例如,章节体例的一致性、作者署名;但是也不乏创新之处:例如,各章之后列有参考书目,"前言"注重学科与课程、教材的理论,明确强调以马克思主义毛泽东思想的方法论作为指导思想。

为什么"湖北大学"时期 1962 年版的外国法制史教材,其体例结构均与同一时期中国人民大学所编相关教材的体例结构大致相同呢?在此,试着就其原因与背景略作分析讨论。

据西南政法大学校史记载,1956 年初高教部发布的《关于拟定高等教育 12 年规划草案发交全国高等学校进行讨论的通知》,拟定该学院 12 年远景规划,其中,在(三)教学方面,有如下的计划:[25]

> 在四年内按照统一教学计划开出全部课程,并按照高教部规定的方式和大纲教学,全部达到教学工作量的要求。同时,编写出主要课程的教科书、讲义和参考书,并参加统一组织的国家与法的通史,中国国家与法的历史、民法、刑法、民事诉讼法与刑事诉讼法的教材编写。

由此计划可知:①高教部当时颁发了法学各门课程的教学大纲。②各法律院系可以自编教科书、讲义。③高教部曾统一组织各法律院系教师参加编写各门课程的教材,其中就有"国家与法

23 中国人民大学法律系国家与法律制度史教研室编:《外国法制史讲义》第三分册,中国人民大学 1980 年 12 月,第 114 页,"后记"。

24 叶秋华:《林榕年教授与外国法制史学科的发展》,载何勤华主编:《外国法制史研究》第 17 卷,法律出版社 2015 年版,第 25 页。

25 《西南政法大学校史》编辑委员会:《西南政法大学校史(1950—2010)》,法律出版社 2010 年版,第 41 页;付子堂主编:《西南政法大学法学学科史稿(1950—2020)》上册,法律出版社 2020 年版,第 71 页。案:后者获赵天宝教授鼎力支持,承其弟子帮忙复制此书。谨此致谢。

的通史""中国国家与法的历史"。

②③是有关法学各学科之教材建设的计划，并且是同时进行的。本文所提到的今见各法律院系的法制史教材和参考资料，应该就是②的落实结果之遗存。③的成果即统编教材至今未见，甚至此前没有被提及过，因此极可能最后并没有完成，但当时应该有高教部部颁的各教材编写计划和写作大纲（推测可能是由中国人民大学、北京大学法律系共同草成的）下发到参加者及其所在单位。③的编写计划与大纲，就成为各法律院系自编参考资料和教材的指南。特别是，中国人民大学法律所编的法制史教材，无论是公开出版的 3 册《中国国家与法权历史讲义》，还是其内部使用的 3 册油印本外国法制史教材，可能都以某种方式流传到当时的各法律院系。各法律院系一方面按照高教部版发的教学大纲和统编教材的编写计划来编写本系或本院的教材，另一方面也可以根据实际研究情况略作微调，但在整体上其篇（编）章体例是基本保持一致的。

作为迄今所见 1949 年以来"五院四系"最早的一本铅印本外国法制史教材，《国家与法的通史讲义》真实地体现出"湖北大学"时期中南财经政法大学的外国法制史教学研究与教材编写的学术水平，也是今天考察、梳理当时"五院四系"外国法制史学科发展史进程的一个绝佳的观测点。

余　论

关于中南财经政法大学馆藏的"湖北大学"时期三本铅印版外国法制史教材文本的考察及其评析工作，到此告一段落。在此，简要归纳所得出的结论如下：

（1）今见湖北大学时期出版的三本《国家与法的通史讲义》教材为同一版本，其出版时间是 1962 年（具体有两说：5 月、7 月）。其作者署名方式为教研室集体署名，具体何人、写作分工如何均不详，推测应该是由张梦梅先生负责（主持）编写，或者说是主要的编写者之一。[26] 暂且如此判断。如今后有新材料或新证据出现，再进行修订。

（2）该教材是目前所见"五院四系"最早的一本外国法制史铅印版教科书，是考察新中国建立初期外国法制史学科教学与研究发展水平的重要教材，属于珍稀文物级的教科书，具有较高的史料价值。

（3）该教材是研究 1949 年至 1970 年这个时期外国法制史学科发展进程之中的可靠实物，体现出"湖北大学"时期的中南财经政法大学外国法制史教材编写的真实水平，而且与同时期中国人民大学外国法制史油印本教材的编写水平基本上处于同一个层面上。

（4）该教材是直接以中国人民大学法律系的外国法制史教材为示范而完成的结果。这是因为，中南财经政法大学"湖北大学"时期的法律史学科，与作为"建设社会主义政法教育的'工作母机'"的中国人民大学法律系，[27] 有着极为密切的联系。具体而言，成立于 1950 年 12 月的中国人民大学国家与法权历史教研室，[28] 直接影响到京外法律院系的法律史专业师资队伍和教

26　在相关的介绍中可见：张梦梅先生编著了《国家与法的通史》（何勤华主编：《中国法学家访谈录》第三卷，北京大学出版社 2013 年版，第 22 页）。不知该《国家与法的通史》（没有找到其实物及其相关信息）与馆藏的《国家与法的通史讲义》之间究竟是什么关系。疑《国家与法的通史》为课程名称，而《国家与法的通史讲义》则为教材名称。

27　徐平：《必须肯定政法教育改革的革命意义》，《政法研究》1957 年第 5 期，第 19 页。

28　中国人民大学法学院院史编写组：《中国人民大学法学院院史（1950—2015）》，中国人民大学出版社 2015 年版，第 299 页。

材建设等方面。中南财经政法大学"湖北大学"时期的法律史学科,其主要师资(张梦梅、游绍尹、杨堪三位先生)均来自中国人民大学法律系,其课程设置、教学计划、教材建设等更是直接以中国人民大学法律系的为示范榜样。[29]

最后,顺便谈一谈在收集研究这些珍稀法律史料的过程中产生的一些体会与想法。其一,目前学校图书馆所藏20世纪50—60年代法律书籍[分类号"6",或"D(9)"],其存放状况不尽如人意:或没有空调恒温,或放置混乱,很多书已陈旧残破不堪。其二,建议尽快组织力量立项展开抢救整理工作,清理并保护这些法律书籍,但不限于法律史学科的书籍。其三,或者放入档案室,或者存入校史馆,或者设立特本藏书室;同时,也可以尝试进行数字化处理,以便长期保存资料,并供相关研究使用。

历史学者王家范在《百年史学建设历程回顾》一文中,开门见山地指出:

> 世纪即将煞尾,很自然就想到"百年总结"。一位中年学者对我说,他认为无论哪个领域,都必须认真读他们的原书,该读的都必须读完,然后各自从个案分头做起,前后左右摸清底细,才可能为写出有质量的百年学术史提供条件。[30]此说极有见地,我是十分赞同的。

我们非常赞同此说,并以之为努力的方向,尝试从中南财经政法大学"湖北大学"时期出版的法制史铅印版教材的实物入手,试图尽可能摸清法律史学科发展史的家底,为写出有质量的法律史学科史片断提供基本条件。

近几年来,政法"五院"适逢70周年院(校)庆,因而纷纷掀起一股编修院(校)史之风,而学科史就是其中的重头戏之一,是各法律院校必须要认真梳理清楚的。翻阅手头可以找到的相关院(校)史、学科史,我们尤其关注的是其中有关法律史学科发展历程的叙述文字。希望本文能够揭开笼罩在中南财经政法大学法律史学科之上的迷雾,进而对推动1949年以来"五院四系"的法律史学科之学术史研究的进程能有所贡献。

Discovering the Textbook of Foreign Legal History in Hubei University: Teaching Materials of the General History of States and Law

Li Li   Hao Hongyan

Abstract: There are three copies of "Teaching Materials of the General History of States and Law" in the library of Zhongnan University of Economics and Law. They are textbooks of foreign legal history in the period of Hubei University, which have important academic value. Through the books, it is possible to disclose the education history of Hubei University and find the truth of teaching and research of the course of foreign legal history. They are also the perfect observation point to sort out the development history of the foreign legal study in the so-called "Five Colleges and Four Departments".

Keywords: Foreign Legal History, Teaching Materials, Hubei University, Five Colleges and Four Departments

---

29 详见刘可风主编:《中南财经政法大学校史》,湖北人民出版社2008年版,第95、96页。
30 王家范:《中国历史通论(增订本)》,生活·读书·新知三联书店2019年版,第337页。

"嘉陵日落雾连天":法科先贤费青重庆岁月小考

白 晟[*]

摘 要: 法科先贤费青先生抗战期间在重庆(复旦大学、朝阳学院)教书育人,与法学名家张志让以及艺术家徐悲鸿等人多有往来。在重庆期间,费青亦从事法学著述,他在重庆期间撰写的文章不仅体现了他对德国法哲学的熟稔,更展示了他在比较中西法哲学基础上的法理探索、法学智慧和法律信念。

关键词: 费青 复旦大学 朝阳学院 抗日战争 重庆

笔者曾主编《费青文集》。[1]在笔者撰写的《费青先生年谱》[2]里,曾简要介绍了法科先贤费青先生的重庆岁月——包括但不限于任教于复旦大学法律系的经历。本文专门考证费青先生的重庆岁月,以就教于学界和同道。

一、"费师来鸿"——《东吴法学院年刊》里的费青身影

笔者曾数次拜访已故东吴先贤高文彬先生,聆听东吴法学院旧事之余,也曾翻拍了高先生珍藏的《东吴法学院年刊》(1945)。[3]

在此恭录与费青相关的文字如下:

> 费师饯别追记
>
> 民国三十二年八月,费教务长图南我师,又继盛教务长之后而离校去蜀矣。
>
> 忆费师在校之日,循循善诱,和蔼仁慈,道德文章,夙为全校同学所钦仰,一旦骊歌遽唱,天涯海角,会面难期,能不令人黯然销魂也!
>
> 我师临行之日,本级同学假汇中饭店设宴饯别,并邀诸教授参加,席间离情恳挚,合座惘然,虽费师犹谈笑自若,勉我侪以勤读用功,刻苦砥砺,然而依依不舍之情,不禁藏于中而形于外也。

---

[*] 白晟,法学博士,中国政法大学副教授(现为新疆政法学院银龄教师)。

[1] 白晟编:《费青文集》,商务印书馆2015年版。笔者的博士生导师潘汉典先生是费青先生的高足。潘汉典曾亲笔写下"费青与潘汉典为终身师徒"的动人文字!有感于潘汉典先生对恩师的深情,在潘汉典先生的亲自指导、鼓励和费青公子费平成及亲属的全力支持下,笔者勉力编辑了《费青文集》。潘汉典先生以93岁高龄撰写了《难忘恩师费青》,95岁高龄参加了《费青文集》首发式并即席发言。潘汉典先生2019年离世前与笔者最后一次晤谈,仍然鼓励笔者继续研读费青先生。从某种意义上说,本文也是在勉力完成潘汉典先生的嘱托(部分)。

[2] 《费青文集》,第825—850页。

[3] 《东吴法学院年刊》(1945),系东吴法学院(沪校)1945届学生出版。内封英文题为:THE WOOLSACK:VOLUME IV (1945),内封钤有高文彬私印。笔者2019年11月27日于高文彬寓所翻拍了部分内容。

餐毕，合摄照相一帧，以留纪念，时共影者计二十一人。

嗟乎，韶光易逝，岁月蹉跎，今则我侪已届毕业之期矣。然而，睹影思人，费师吕师（光），远在西蜀，同学中颜君已作古人，馀子亦多星散，苍茫四顾，苍狗白云，又不禁感慨系之矣。

去岁偶检箱箧，得费师手书一通，并从朱兄耐斋处，获费师撰书之绝诗一首，特录之于后，亦聊以表怀念之意耳。

旧梦如烟十五年，又看行脚向西川。

空惭壮志馀狂句，未许危时学醉眠；

剑阁秋高风动野，嘉陵日落雾连天；

亦知蜀道崎岖甚，吾道崎岖更万千。

此文署名为"志陶"，推断为该届毕业生张志陶。

《费青文集》收录了费青的一首题为"咏怀"[4]的诗作：

作客思归经数年，不辞道远穷回川，

移山须学愚公志，避世何能阮籍眠。

对泣怀伤虚岁月，枕戈情重渺云天，

深知力薄成空抱，权遣烦心丝万年。

题下有脚注：

此诗由费青先生弟子潘汉典提供，作于1943年，系费青先生离沪赴重庆复旦大学之前为弟子潘汉典题于扇面。

对照"咏怀"和忆文里的诗，明显作于同一时期，韵脚也大致相同，笔者推断系费青先生题赠不同年级学生——包括1944届潘汉典和1945届朱乃斋——而略加修订之作。

在此可以补充的是，1945届17名毕业生名单里，张志陶、王秀山、梅玉芬、冯尔泰和杨美娟都被标注为"成绩优良荣誉毕业生"，后来出任上海法院副院长的冯尔泰与潘汉典来往较多，共同参加东京审判的高文彬同窗郑鲁达也是这一届。

即使离开了东吴法学院（沪校），远在重庆的费青也没有忘记弟子。《东吴法学院年刊》（1945）刊载了"费师来鸿"：

——吾人生逢离乱，道丧境恶，凡立身治学，尤须以天下国家为己任，进而探求学术思想之本源，此类典籍，宜多所涉猎，切忌以一隅为限。忆某学者曾云，学问有如金字塔，根基愈大，塔尖愈高，此喻殊可深味。值此暑假，正可多筑根基。昔曾文正复云，一国风尚，唯视一二人为转移。今一校学风，亦复如是，深盼弟等能以此一二人自任。——

费青

民卅三年七月

---

4 《费青文集》，第652页。

需要说明的是，如同抗战时期的复旦大学分为渝校和沪校一样，东吴法学院也有渝校和沪校——后者即费青自传里的"补习班"以及《东吴法学院年刊》（1945）内封里的"THE COMPARATIVE LAW SCHOOL OF CHINE"（SHANGHAI CHINA）。经由东吴法学院（沪校）年刊里的文字，我们不仅获知了费青先生"去蜀"的具体时间，更可从诗中"嘉陵日落雾连天"推断出费青先生身在"嘉陵江畔"。

费青"自传"[5]里的文字正可与上引文互证：

> 我在补习班已上轨道后就计划重返内地。因当时去内地的路程已十分难行，老父病妻不能同去，先须设法安顿。我自己的喘病又常发，请中医诊治，又费了很长时间，才自信能赶远路。一九四三年九月我终于冒险地离开上海，经由蚌埠，界首，洛阳，宝鸡等地，于二个月后到达重庆。一路上看到战时民间的疾苦，国民党军人的横暴，更遇到几次危险，这一路程对我不啻是一个锻炼。

二、法律不容否定——重读费青旧文

费青在重庆期间至少公开发表了三篇论文（因其中两篇论文大致相同，《费青文集》仅收录了两篇），其中的《几种法律否定论之检讨》[6]值得予以讨论。该文篇末署有明确的时间和地点："三十三年一月九日于北碚"，而"北碚"正是彼时复旦大学（渝校）所在地。

费青任职复旦大学教授时讲授民法、法理学和国际私法等课程，经由此文，可大致了解费青彼时的法理学——法哲学思考。其文开篇曰：

> 我们常听到人说："法律是骗骗人的！"在这句看似轻薄，实极沉重的话里，正隐藏着很多不同的含义。我们想在这里对于类[7]乎此的几种法律否定论，予以阐释和检讨。

法律的不容否定源自法律的基本假定不容否定，费青论证道：

> 这句话最彻底的含义是：根本否定法律的存在可能。若是我们认为社会现象是和自然现象同样地机械性的，人的一切行为，虽自以为可以自由决定，实则全受物质因果律所支配，则法律的基本假定——人可依主观的价值标准，来规律自己的行为，——就根本不能成立。此态度在逻辑上是无可反驳的，因为人的意志是否自由，实超越了经验所能证明的范围……
>
> 此态度虽在逻辑上无可反驳，但持此态度者想在日常行事上贯彻其态度，则将感到十二分困难，甚至于无法**贯彻**。譬如当敌机临近，持此态度者亦会跑防空洞，虽事后他也会将其动作委之于神筋内某一机械作用，但当其**将**跑之际，未尝不自觉可以主观地选择跑或不跑，以至于跑这个或那个防空洞。所谓意志自由原只是根据此将跑之际的一点自觉所设假定。可是在此假定上却已建起人类全部价值机构，如法律道德等等。于是：机械论在理论上可持，而在实际行事上则不可。主观的选择和价值等观念，原只存于此后一境界，康德称之为"实

5　《费青文集》，第 698 页。

6　原文载《东方杂志》1944 年第 5 期。此次重读，发现《费青文集》收录时有若干笔误——包括漏行等，以下引文系根据原刊照录——修订部分以黑体字表示，也可视为收录于《费青文集》里的同名论文的修订版。

7　《费青文集》录入时多一赘字"似"，现据原刊径删。

践理性"（Praktische Vernnuft）者正以此。人，于悠然退处于纯客观的观察者地位之余，既不能不有所实际行事，如跑防空洞，于是主观的选择和价值等，便相逼而来，法律也就跟着搅扰我们的清闲。

日机频繁轰炸重庆的时候，"跑防空洞"应该是费青彼时的生活常态，法学院院长张志让的前任孙寒冰教授和六名复旦大学师生就是在敌机轰炸中罹难。以常识论证，无疑是一种有力的论证方法。

第二种态度并不否定法律的存在可能，但认为"其他规范，如道德，礼教，实比法律高明得多，并且尽够系维社会了"。此种主张在我国影响甚大，因是"我国儒家用来反对法家和法律的"。费氏反驳道：

> 此类主张的问题所在，乃是法律以外的他种社会规范是否足够？当社会停滞于某一形态中而系维该形态社会所需的规范，已逐渐为人民习惯，则仅恃道德和礼教的提示与制裁，或会渐**趋**足够。像我国过去停滞于农业社会形态一般。而儒家的主张，也可说正是此停滞的产物。但一旦社会形态起了变化，甚至像现在变化得极快，则只靠法律以外的他种规范，便感不足系维。而法律正是应付此种变化的最良工具，以其制定既简捷合理，而执行更是靠得住。至于治者滥用权力，则问题本身不在法律要得与否，而在如何规范此治者的权力，这反而增加了法律的需要。

论及了儒家，道家和法家自然不会放过："我国道教的反对法律，表面上好像和儒家一样，只是他更进一步，反对一切'人为'的规范，连道德在内。但在另一方面，我国的法家却又'出于道家者流'。这岂非互相矛盾吗？"费青论证如下：

> 其实，道家一方面反对"人为"的法，另一方面却主张宇宙间存着"道"。这"道"字的含义，与希腊的斯多益克（Stoic）学派所提倡，及欧西于十七十八世纪重复盛行的所谓"自然法"，正相**吻**合。"道"及"自然法"不仅予自然界以规律条理，更予人类社会以行为的规范，人们只须遵依此"道"或"自然法"，社会自会跻于和谐太平之境。所以人的任务，是在发现此原已存在的"道"或"自然法"，而依之行事，不应该自作聪明而妄立"人为"的道德法律。道家更指出：人间一切罪恶，都是此自作聪明的"人为"道德法律所造成。
>
> 此说的问题乃在："自然法"究应如何发现？其内容究与"人为"法有什么区别？当希腊斯多益克学派的自然法说传入罗马，罗马的法学者便利用之以改革当时的法律。他们把当时严酷狭隘的市民法当作人为法，而以较合乎理性的万民法（Jus gentium）当作自然法，其结果乃造成罗马法的全盛，而成后世法律的典范。十七八世纪的自然法说，更结晶成为法国的人权宣言以至美国的联邦宪法。我国法家亦承道家之后，自谓他们所发见，实则制定[8]的法，正是道家所称的"道"。所谓法家出于道家者流以此。但不幸法家碰到了对头儒家，而后者复取得了政治上的支配地位，于是我国法家的成就，较之罗马与十七八世纪之自然法派便相形见绌了。
>
> 纵观此诸派所用以发现自然法的方法，多借人的理性。所谓理性，亦即当时一般社会的

8　原"制定"之前有逗号，现据原刊径删。

公平观念或价值标准。于是所谓"自然法"亦即合乎此观念或标准的法律。所以我国道家表面虽为反对法律,实则仅为反对已不合当时价值标准的法,而仍欲代之以合乎此标准的法律。

此论不仅解释了法家何以"出于道家者流",更对中西自然法学说及其历史地位进行了比较分析,直言其不过是"当时一般社会的公平观念或价值标准"!

接下来,费青对貌似平常的两句批评法律的话"法律是强者压迫弱者的工具"和"法律是弱者束缚强者的工具"进行了清晰且精当的分析,其中引述了古希腊高奇亚斯(Gorgias)、马克思、罗素乃至尼采等的理论,说明强者与弱者之分兼有经济地位和心理感受,推至最后,依然脱不了"利用法律来驾驭权力,以达到真正民主的一个问题"。

费青此文写于抗战期间,最后一种被批判的说法正与战争有关:

> 最后一种说:"法律是骗人的",乃是见到法立而不行,才慨乎言之的。像我国现在,法律是制定得相当完备,从约法起以至全部民法,即比之各先进国,亦无逊色。但明眼人都见到:从最底层的地方政府,如各村,各乡,各县,渐推至上级机关,黑暗的阴翳,还常笼掩了灿烂的法律。或有人说:这是抗战的不得已。好像说:法律与战争是不相容的。这是一个极端错误的见解。战争对于国家民族间的道德法律,固是如此,但国内的法治,则对于对外战争正是相成相辅的。考之各国史乘,为了对外战争,才使国内上下,憬然于政治修明的必要。有了国内的政治修明,上下一心,对外战争才能获得胜利。我国最高当局,早鉴及此,才在此抗战最后关头,诚意提倡宪政,我们人民,尤须深体斯意,明瞭宪政的真义,不只在制定一部完美的宪法,更需要培养守法的习惯,上下督促,勇毅从事。

> 检讨了上列几种法律否定论,我们简单的结论是:法律的必需,是与人类社会同其始终。最合乎法律目的的体制是民主,所以民主即是法治。法治的实现,不只靠法律本身,尤靠上下守法的精神。[9]

费青此文作于 1944 年,近七十年过去了,笔者重读依然受益良多。私意以为,此文不仅体现了作者对德国法哲学的熟稔——诸如对康德、马克思、尼采等观点的引用,更展示了作者比较中西法哲学基础上的法理探索、法学智慧和法律信念,如同费青的《法律不容不知原则》[10]一样,此文也有资格列入《民国法学论文精粹》(基础法律篇)[11]。

三、师生情意长——费青与业师张志让学缘略述

费青自传里将重庆及其后的一段时间称之为"前进时期",而且特别留存了供职复旦大学以及与业师张志让密切交往的记录:

> 到重庆稍事休息后,便应复旦大学之聘,任该校法律系教授。在这里重新接触到了进步的师生,像从前的老师张志让等,开始对于国内外政治大动向逐渐有所认识,更自愧十几年

9　《费青文集》录入文字可参看该书第 101—117 页。

10　《费青文集》,第 23—32 页。

11　何勤华、李秀清主编:《民国法学论文精粹》(基础法律篇),法律出版社 2003 年版。

来的昏聩迷梦。例如皖南事变这样大事，我到这里才第一次听到。那时复旦大学里的政治斗争在暗底下很是尖锐，我初到那里当然还摸不清楚，遇事只是仗义执言，可就遭了国民党学生之忌。后来因法律系主任戴修瓒住在中央大学，校方叫我事实上代理系务，系里的国民党学生就借故向我攻击起来。我据理回击，要求校方把系里一个当全校三青团书记的学生开除学籍。这件事使校长很为难，据说一直闹到三青团特务头子康泽那里，校长还受到申斥，到我离开复旦，才不了了之。接着又发生三青团教员陈某玩忽职务溺毙学生案，法律系进步师生就依据当时法律向他控诉。我在复旦两年，好像进了一所政治补习学校，把我少壮时期的政治热情重新唤醒了。在这段时期里我曾写过关于人权的文章，发表在张志让所主编的《宪政》杂志。[12]

文中"从前的老师"已经说明张志让是费青的业师，其学缘可以追溯到费青求学的东吴法科时期。据费青毕业之际出版的《东吴年刊》（1929年），[13]张志让彼时为东吴法学院开设有"民事诉讼法"和"法院编制法"等课，费青是其名副其实的受业弟子。费青离沪后没有任教于同在重庆的东吴法学院（渝校），而是选择了复旦大学（渝校），也许与上述学缘有关；张志让彼时任法学院院长也应该是因素之一。

张志让教授是复旦大学的著名校友，重庆时期更被复旦弟子们称之为"民主教授"：

> 在复旦的名教授中，法学家张志让教授，当时任复旦大学法学院院长。这位教授曾经充当过著名的救国"七君子"案的辩护律师。他在复旦除了讲法律学以外，还开设了《辩证唯物论和历史唯物论》课；开大会时，他和洪教授一起有理有据地讲民主进步。他十分关心青年的进步，鼓励学生赶时代潮流，支持学生运动。学生有了麻烦，他热心地为学生辩护。他的绰号是"民主"。这是进步学生给他起的，表示对这位民主教授的尊敬和信赖。[14]

费青提及的陈某玩忽职守一事，《抗日战争时期中国高校内迁史略》一书有明文记载（注略）：

> 1945年夏天，当时复旦体育系教授、三青团分团干事长陈呙德垄断了学校渡船，为了牟利，指使船工尽量超载，终于酿成"翻船事件"。惨剧发生后，陈又见死不救，致使束衣人（石怀池）、顾中原、王先民3位同学及渡江群众共11人惨遭溺毙。此事激起全校师生的公愤，纷纷要求严惩凶手，追究其刑事责任。复旦师生还招待新闻界，谴责陈以特殊身份横行霸道，造成惨案，要求严办祸首，并向法院起诉，迫使校方解除了陈的一切职务。[15]

费青自传明确提及在张志让主编的《宪政》上发表了论文。《费青文集》收录了此篇论文，题为《英国的法治制度与人身自由》，载《宪政月刊》1944年第3期（实际出版时间为1944年3月1日）。与前引《几种法律否定论之检讨》一文有所不同的是，此文集中讨论了宪法保护人民制度"在他的策源地英国的发生演进，及其实际的施行"。也许与身处战时有关，该文特别讨论了英国战时的司法案件，甚至讨论了此前不久的1942年2月英国孟却斯脱城救火人员公会诉警

---

12 《费青文集》，第698—699页。

13 苏州东吴大学学生1929年出版。

14 魏文华：《夏坝琐忆》，载《北碚文史资料》第6辑，政协重庆市北碚区委员会文史资料委员会编，1994年，第80页。

15 侯德础著：《抗日战争时期中国高校内迁史略》，四川教育出版社2001年版，第303页。

察署长案。文末写道：

> 人民自由，现在都被视作陈旧迂腐之误，然拳拳之意，窃谓宪政不欲实施则已，苟欲实施，惟有脚踏实地，自卑**做**起。我们更希望宪政能给予我们人民的身体自由以一个可靠的保障。[16]

值得一提的是，费青 1944 年撰写的另一篇题为《英国宪政精神与人民基本权利》的论文发表于《再生》杂志，[17]《再生》杂志的创办人张君劢也是费青求学东吴时的业师，所授课程正是"各国宪法比较"。

费青与业师张志让在复旦大学渝校期间政治上的默契和学术上的交流也为十多年后共同创办《新建设》杂志[18]埋下了伏笔。

四、"东吴"与"朝阳"的深度交融——费青再度执教朝阳学院

费青 1932 年前后曾在朝阳学院任教，1943 年赴重庆之后，再度任教朝阳学院。关于第一次任教朝阳学院，限于资料，详情不得而知，盛振为发表于 1934 年的《十九年来之东吴法律教育》[19]一文提及费青"曾任私立朝阳大学罗马法教授"是不多见的佐证资料。

朝阳学院费青的受业弟子潘久维留存了费青第二次任教朝阳的文字记录：

> 1937 年日寇侵华，母校朝阳迁往抗战后方。首迁湖北沙市，再迁四川成都，后迁抗战首都重庆。1944 年秋，我进入母校时，校本部在重庆兴隆场，新生部在歌马场连升湾，离校本部约十华里。这里，原是司法行政部"法官训练班"所在，班[20]移之后，母校新生部来。当时，新生部主任是闵刚侯教授。连升湾离重庆至北碚公路线上的歌马场（最高法院所在地）、独石桥（立法院所在地）、小湾（司法行政部所在地）较近，离北碚、沙坪坝也不太远。因此，居正、孙科、夏勤、马寅初、赵琛、赵之远、陈顾远、洪钧培、吕渭、翁大草、戴修瓒、费青、翦伯赞等前辈学者能常来给我们讲学。和连升湾毗邻的大磨滩有大瀑布、水力发电站。大磨滩侧是陶行知、晏阳初、瞿菊农等平教会主办的乡村建设学院。校邻友好，图书馆共用，老师交互讲学。[21]

---

16 如同前引《几种法律否定论的检讨》一文一样，本文收入《费青文集》时也有笔误。本文据原刊予以修订，修订处以黑体字显示。

17 《再生》杂志，1944 年第 94 期，第 19—21 页。

18 据 1949 年 9 月 8 日出版的《新建设》创刊号封底所附编务信息，该刊"负责人"为费青，张志让、费孝通、雷洁琼、钱端升等名列"编委"。"发刊辞"出自费青之手，第一篇论文"探求新知批判利用旧学与大学教育前途"的作者为张志让。费青胞弟费孝通生前回忆：《新建设》"社长是张志让，发行人是王良仲"；王良仲忆文也说："经费青与吴晗、张志让等筹划，把刊物恢复，取名为《新建设》，推张志让主持社务，费青为主编"（详见《费青文集》）潘汉典曾应费青之邀于 1949 年赴京，据潘汉典先生生前面告，其时费青与张志让是《新建设》主要工作人员；费青曾邀请潘汉典加盟《新建设》编辑工作，因潘汉典更喜欢学术研究而婉拒。另据张志让复旦弟子吴永良回忆，1949 年底，吴永良拜访时，张志让"独自一人住在北京东华门南夹道 62 号《新建设》杂志社里。那个小院是一排北房，杂志社办公室占着两大间，张先生住在通向办公室的另外一间。室内陈设十分简单，一桌一床，两张座椅而已"。（见吴永良著：《雨雪霏霏——北大荒生活纪实》，中国戏剧出版社 2002 年版，第 16—17 页）

19 《法学杂志》1934 年第 7 卷第 2 期，第 135—148 页。

20 原文如此，疑为"搬"之误，待考。

21 潘久维：《朝阳——我亲爱的母亲》，载薛君度、熊先觉、徐葵主编：《法学摇篮——朝阳大学》（增订版），东方出版社 2001 年版，第 381 页。

潘文也记载了费青所授课程：

> ……余戟门老教授（曾和沈家本一同起草法律的老前辈）、于梅村教授（诉讼法学专家）、费青教授（民法学专家）等前辈亲临授课。各课讲义，母校自行精印按课分发，学员必须本人在听课当天早上到教务处领取当天讲授的章节，不许代领，也不许一次领齐全本讲义。我们深深体会到，这不是烦琐，而是母校对学员的严格要求，是不在课堂上点名的一种点名，缺课就要缺讲义，必须全听课才能领到全部讲义。当时人们都知道，母校数十年间的各课讲义价值连城。全国各大学法律院系的师生和各级司法官员大都托人甚至高价争购母校的讲义（包括已经阅读过的旧讲义），都以案头放有朝阳讲义为荣![22]

此文作者潘久维 1948 年毕业于法律系，历任西南军政委员会司法部行政组长、最高人民法院西南分院学习审判员、四川省高级人民法院审判员、组长、审判庭长等职，1985 年受聘为全国法院干部业余法律大学教授，著有《审判心理学》等专著和教材。

在朝阳学院四川时期——含成都和重庆时期，民国时期两大著名法学院东吴与朝阳有过深度交集。其时法学院院长孙晓楼是东吴法学院 1927 届毕业生，1932 届的闵刚侯是新生部主任，1928 届的章任堪任司法组主任等。据《朝阳先贤文丛》之一的《百年朝阳：历史的纪念与仰望》一书所载《朝阳先贤生平著述简表》，东吴法学院的杨兆龙（1927 届）、孙晓楼（1927 届）、倪征燠（1928 届）、章任堪（1928 届）等均入选。入选的王宠惠曾任教东吴法学院且获得东吴名誉法学博士，因此其文集也列入《东吴法学先贤文丛》。

不无巧合的是，费青与重庆时期的师友张志让、闵刚侯后来都在首任院长沈钧儒任内的最高人民法院担任职务：张志让任副院长；闵刚侯任秘书长；费青任最高人民法院委员。

五、加盟"小民革"——"政治热情重新唤醒"

费青自传是费青 1951 年申请加入中国民主同盟（以下简称"民盟"）[23]时所撰，其中提到"当时我所来往的朋友大多是民盟分子，但我自己却还认为无进入团体的必要"。此处的"团体"应该指"民盟"或其他著名民主党派。从费青此时的交往来看，多数都是"民盟"成员。就连他加入"民盟"的介绍人闻家驷、闵刚侯也都是交往多年的好友。费青为什么在当时完全有条件加入"民盟"时没有加入呢？除了自认为"无进入团体的必要"外是否还有其他原因呢？

笔者在搜集资料过程中意外发现了费青自传中没有提及其曾加入过"小民革"的线索。

"小民革"，全称"中国民主革命同盟"，是在国民党统治区秘密组成的一个革命团体，是中国共产党的一个外围组织。1941 年夏成立于重庆，称为中国民族大众同盟，一年后改为中国民主革命同盟，简称"民革"。以后为了与同样简称民革的中国国民党革命委员会相区别，一般称为

---

22 潘久维：《朝阳——我亲爱的母亲》，载薛君度、熊先觉、徐葵主编：《法学摇篮——朝阳大学》（增订版），东方出版社 2001 年版，第 384 页。

23 中国民主同盟，当时的名称是"中国民主政团同盟"，是由"统一建国同志会"、中国青年党、国家社会党（后改称民主社会党）、中华民族解放行动委员会（后改称中国农工民主党）、中华职业教育社、乡村建设协会的成员及其他人士参加，公推黄炎培为中央委员会主席。1944 年 9 月，中国民主政团同盟在重庆召开全国代表会议，决定将名称改为"中国民主同盟"，由团体会员制改为个人申请参加。同年 10 月，发表《对抗战最后阶段的政治主张》，响应中国共产党提出的建立民主联合政府的号召。

"小民革"。其成员中有爱国民主人士、国民党左派以及在国民党政府内担任较高级幕僚职位的革命人士。主要领导人有王昆仑、王炳南、许宝驹、阎宝航、金仲华、袁翰青等。1945 年在重庆举行全体盟员大会，选出了中央委员 21 人。北平和平解放后，其成员陆续到北平，有 30 多人分别作为民主党派、人民团体等单位的代表，出席了中国人民政治协商会议第一届全体会议。1949 年 9 月 17 日，该同盟鉴于人民民主革命已经获得基本胜利，同盟的历史任务已经终结，遂发表《中国民主革命同盟结束声明》，公开宣告结束。该同盟在它存在的 8 年中，与中国共产党的政策密切配合，起了重要的作用，为中国革命的胜利作出了贡献。[24]

费青没有提及"小民革"，也许与该组织 1949 年宣布结束有关。

据署名"王昆仑、王炳南、屈武"的《中国民主革命同盟史略》一文，"小民革"发起人有王昆仑、王炳南、许宝驹、许宝骙、侯外庐、闵刚侯、屈武、谭惕吾等 18 人。抗战胜利后，中国民主革命同盟在一部分文化教育界、知识界人士中继续发展组织。梁希、许宝骙、涂长望、潘菽、薛愚、郑伯奇、俞平伯、董每戡、叶丁易、费青等先后加入了"小民革"。[25] 该文所附《中国民主革命同盟盟员名单》里，费青与好友吴晗、闻家驷、俞平伯、袁翰青等也都在列。[26] 抗战胜利后不久，同盟的中央领导机构从重庆迁到上海。费青也于该年夏天从重庆到昆明加入西南联大。据此，笔者推测费青加入"小民革"的时间应该在 1945 年 8 月之前，这也与费青彼时供职的复旦大学和朝阳学院（分院）地处重庆有关。值得注意的是，该组织"是一个不公开的秘密政治团体，有较严密的组织"[27]，大多通过相知较深的人介绍。如许宝骙是许宝驹和许宝骙的胞弟，俞平伯是许宝骙的姐丈等。许宝骙自述，"抗战末期，平兄（按：指俞平伯）经余介绍参加中国民主革命同盟（即'小民革'）北方地下组织（同期先后参加者尚有张东荪先生及叶笃义兄），是为平兄一生政治中之大事。"[28]

叶笃义的回忆略有不同：

> （1944 年）从 3 月到 9 月，我待在重庆，等候民盟全国代表会议的召开。在此期间，我参加"中国民主革命同盟"（即所谓"小民革"）。我准备参加行将改组成立的中国民主同盟，取得了"小民革"的同意；而我参加了"小民革"，由于"小民革"的建议，是瞒着民盟人士的。[29]

叶笃义的回忆证实了该组织的严密性。

据现有资料推断，费青加入"小民革"的介绍人可能是闵刚侯。闵刚侯是费青东吴法学院的校友和学弟，1932 年毕业。前文述及的《东吴年刊》（1929 年）载有闵刚侯撰写的《法律学院一九三二年级级史》，说明其就读东吴时就比较活跃，至少通过年刊与费青互有所闻，不排除有所接触。费青兼任位于重庆的朝阳学院（分院）教授的介绍人正是闵刚侯，后来申请加入民盟的介绍人之一也是闵刚侯，可见二人关系之密切。闵刚侯与王昆仑、王炳南、许宝骙、许宝驹、侯外庐、阎宝航等同为中国民主革命同盟中央委员。

---

24 《中国统一战线全书》编委会：《中国统一战线全书》，国际文化出版公司 1993 年版，第 292 页。

25 中国人民政治协商会议全国委员会文史资料研究委员会编：《文史资料选辑》（第八十七辑），第 11—12 页。

26 同上书，第 26—27 页。

27 同上书，第 3 页。

28 许宝骙："俞平伯先生《重圆花烛歌》跋"，载孙玉蓉：《古槐树下的俞平伯》，四川文艺出版社 1997 年版，第 6 页。

29 叶笃义著：《虽九死其犹未悔》，群言出版社 2014 年版，第 19 页。

费青的此段经历并非无足轻重。在以后诸如"为沈崇事件致司徒大使抗议书""十三教授人权宣言"等重大活动中，都可以看到同为"小民革"成员的费青与袁翰青、许宝骈、俞平伯等的密切合作和共同身影，费青加入民盟的另一位介绍人也是"小民革"成员闻家驷。更为重要的是，如果笔者的判断成立，费青在重返西南联大后虽然与"民盟"很多成员交往密切，但未在组织上加入"民盟"就有了更合理的解释。

"中国民主革命同盟"是"在周恩来、董必武和王若飞的亲切关怀和直接领导下"成立的，"是中国共产党的一个外围组织，是在国民党统治区秘密组成的一个革命的政治工作团体"，此段履历自然也为费青自述里的"政治热情重新唤醒"提供了最好注脚。

六、鸡鸣山城——徐悲鸿赠画背后的故事

据笔者目力所及的资料，费青与徐悲鸿的交往始于重庆时期。笔者曾有幸目睹过徐悲鸿赠费青画作真迹——鸡鸣图：嶙峋的山石上，一只雄鸡单腿独立，头略左转，鲜红的鸡冠分外醒目，长长的黑色鸡尾虽然随风略有摇曳，仍有力地飘在空中，山石上的鸡爪刚劲有力，眼睛更是炯炯有神、直视前方。（徐悲鸿作于1939年——题赠"静波先生"——的鸡鸣图里左下方雄鸡及所立之石与赠费青画酷似（不含下方三只母鸡），惟石旁草木不同，后者为竹，前者为木槿。）

画内右侧有徐悲鸿亲笔题款：

> 仲南先生雅教
> 甲申大暑悲鸿写
> 东海王孙（印）

"甲申"，当是甲申年——1944年，"大暑"无疑是暑期。"东海王孙"是徐悲鸿的笔名之一，"悲鸿"之外，再钤"东海王孙"私章，证实此画确实出自徐悲鸿之手。此画可以作证，费青与徐悲鸿交往不晚于1944年暑期。

关于印章"东海王孙"，徐焕如的《我的叔父徐悲鸿》一文提供了一种解读：

> 在悲鸿叔的印章中，有一颗图章上面刻着"东海王孙"四个字，这颗图章常在他的国画上出现，这是怎么回事呢？我们徐姓在江苏宜兴是个大姓，屺（音计）亭桥下塘多数人家姓徐，当时过年家家门上要贴一副相同的春联，即"东海功勋第，南荆礼乐家"，横披是"东海王孙"。东海即现在的连云港一带，所谓功第，即有赫赫战功的门第，指的是初唐大将徐懋功封为东海郡公；而"南荆礼乐家"是指宜兴荆溪之南为徐氏宗族生息经营地区，都是礼乐之家。悲鸿叔的图章"东海王孙"是表示自己是东海徐氏的后裔。这是对宗祖门第的自豪？抑或是对礼乐之家的自赏？不，那已是远古年代的过去，这里不过是对过去高贵门第的一种自嘲罢了。起用这颗图章，表现了艺术家幽默的风趣，使他的国画增添了古朴和传奇的色彩。[30]

细考画中的"大暑"二字，该年"大暑"日是7月23日，正值徐悲鸿生日前后。关于徐悲鸿的生日，需要多说几句。据绝大多数出版物——包括徐悲鸿夫人廖静文的《徐悲鸿的一生：我

---

30 《徐悲鸿：回忆徐悲鸿专辑》，文史资料出版社1983年版，第206页。

的回忆》——均写作（1895 年）7 月 19 日，王震先生的《徐悲鸿年谱长编》（以下简称《长编》[31]）以徐悲鸿的手迹证实是农历五月廿六日（公历 6 月 18 日）。改公立过生日有两种方法：或以 6 月 18 日为准；或以当年农历五月廿六日对应的公立日为准。第二种方法对应 1944 年应该是 7 月 16 日。以徐悲鸿 1945 年生日过的是农历推断，1944 年也应该是农历生日庆生。易言之，赠画落款里的"大暑"无论是实指，还是概说，都是徐悲鸿生日前后。

查阅《长编》，对应时段文字很少，摘录全文如下：

> 7 月下旬
>
> 应杨德纯之邀，偕廖静文女士到嘉陵江南岸山上避暑。当时他面部浮肿，经诊断，患了高血压症和慢性肾脏炎。经劝说住进重庆中央医院。[32]

据上述资料有理由推断，徐悲鸿的赠画作于生日前后、因病住院之前，其赠画更显不寻常的意义。

《费青文集》所载笔者所撰《费青先生年谱》里与徐悲鸿有关文字也有值得"修订"之处：

> 于 1943 年 8 月到达重庆（与徐悲鸿住在同一个院子里）……

根据费青自述，到达重庆时间约为 1943 年 11 月。此外，笔者于 2016 年就已发现重庆《徐悲鸿故居》与费青彼时供职的复旦大学不在一地，为此特别与潘汉典先生长谈过一次，据先生回忆，他好像听费青先生讲过，因时间太久，确实没有把握。

徐悲鸿高足费成武可能是理解赠画的一个重要线索。费成武，男，1911 年 12 月 30 日出生于江苏省吴江的一个理工世家。1929 年聆听徐悲鸿归国后在苏州美术专科学校的一场讲演，心下折服，遂报考南京国立中央大学教育学院艺术科。1934 年毕业于国立中央大学。抗日战争期间在重庆从事文艺抗日工作。曾被派至云南昆明筹建飞虎队美国空军招待所，担任建筑和美术设计工作。1942 年受聘国立中央大学师范学院艺术学系，1943 年年初，为中国美术学院副研究员。暑期，与徐悲鸿、张倩英、陈晓南、张安治、孙宗慰等师友同学赴青城山写生。1946 年在徐悲鸿斡旋下，与张倩英、张安治、陈晓南由中国美术学院派往英国深造，就读坎伯威尔与科陶德学院。1947 年与张倩英在伦敦举办第一次中国水墨画联展，反响热烈，得到政要捧场，结识英国画家斯坦利·斯宾塞，并得到伦敦大学史雷德艺术学院院长邀请入学就读该院。1950 年，伦敦大学毕业。作品首度入选英国皇家艺术学院大展。1952 年，在伦敦莱斯特画廊举办个展，成为该画廊代理画家。与张倩英在伦敦结为夫妇。2000 年 8 月，于伦敦逝世。在英期间，出版英文著作介绍中国绘画艺术，被英国各大美术学院作为教授中国画的教材。[33]

张健初著《你的温柔，我的慈悲：孙多慈与徐悲鸿爱情画传》一书引用了徐悲鸿弟子康寿山的回忆：

> 一九四三年之初，在雾都重庆的沙坪坝，我们中央大学的师生们聚居在一座树林周围正过着极其艰苦的战时生活。
>
> ……徐悲鸿老师……带我们穿越一座座同样简陋的教室和宿舍，最后来到他的住地。这

31 王震编著：《徐悲鸿年谱长编》，上海画报出版社 2006 年版。

32 同上书，第 267 页。

33 张晨主编：《艺为人生：1928—1949 年国立中央大学美术专业学生文献集》，故宫出版社 2016 年版，第 414—423 页。

也是一座如其他宿舍一样的房子、中间一条走道两旁排列着同样大小的房间，每间约十二平米，但他在房门入口处搭了一个小搁铺。那是与他同住的费成武睡的，屋内十分简单，除床铺桌椅之外别无长物……[34]

《悲鸿生命：徐悲鸿的生前死后》一书直接引用了当时在重庆读中学的徐悲鸿女儿徐静雯的回忆：

> 我父亲重返中大艺术系任教，我去看我父亲，他住在沙坪坝中大一间简陋的木板房，是集体宿舍。房里放着一个双层架床，父亲睡下铺，父亲的学生、美术系讲师费成武睡上铺。每天清早一起床父亲便提笔作画，他的学生围了一圈边看边学，画了两小时，才让学生到中渡口买一包烘山芋充饥。[35]

徐静雯自己的文字也可佐证：

> ……爸爸此时便住在沙坪坝中央大学的单身教师的宿舍，和费成武叔叔在一间房里。[36]

上述细节颇具意义，因为费成武与费青有非同寻常的关系：二人不仅是苏州同里同乡，而且是亲戚——费青母亲杨纫兰是费成武母亲杨秋纨的胞姐，费成武是费青的姨弟。杨纫兰创办吴江蒙养院时的主要助手之一就是杨秋纨。费青父亲费璞安和费成武父亲费迈枢的关系也非同一般：连襟之外，还是赴日留学同学、赴山东青州和苏州蚕校任教的同事。

因上述新的"发现"，笔者有一个"大胆假设"：费青1943年11月只身到重庆之后，有可能在任教的复旦大学法律系开学之前看望姨弟费成武并短暂居住在一起。阅读相关史料可知，徐悲鸿重庆时期的住宅先后有三处："光第"、磐溪和中央大学宿舍。与本文相关的主要是后两处。前述"徐悲鸿故居"特指位于磐溪的中国美术学校筹备处，与中大宿舍隔江（嘉陵江）而望。廖静文的回忆留存了彼时环境和交往人员的细节：

> 筹备处借用了磐溪石家花园的石家祠作为院址，这是一所建筑在山上的房屋。房屋分为两层，下面一层全部是石室，用石头砌成，沿梯而上，有宽阔的院落，中间有一座亭子，内置石家的祖宗牌位，两侧是两座两层的小楼，隔亭相对而立。小楼全部是木结构，制作粗糙，甚至连玻璃窗也没有。但在战时的重庆，这已是难觅的佳园了。周围有苍松翠柏，梅竹掩映，十分幽静。
>
> 出门便是一条青石板路，往前行数百米，有陡峭的数百级石梯沿山而下，直达嘉陵江畔。在半山腰的乱石中，有一股清泉奔泻而成的巨瀑，汇成一个很大的水泊。哗哗流水，给幽静的山林增添了美妙的声色。山腰有一块大岩石，被凿成一只老虎，行人初次过此，颇感虎视眈眈的威胁。
>
> 中国美术学院筹备处的人员不多。由于徐悲鸿先生准备将它办成一所研究院，聘有研究员及副研究员，先后应聘的有张大千、吴作人、李瑞年、沈逸千、冯法禩、张蒨英、张安治、陈晓南、费成武、孙宗慰、宗其香等人。我第一个见到的便是当时的副研究员张蒨英女士。她是徐悲鸿先生的学生，毕业于南京中央大学艺术系。当时正在三十多岁的盛年，虽然

34　张健初：《你的温柔，我的慈悲：孙多慈与徐悲鸿爱情画传》，江苏文艺出版社2019年版，第373页。
35　傅宁军：《悲鸿生命：徐悲鸿的生前死后》，人民文学出版社2013年第二版，第183页。
36　《徐悲鸿：回忆徐悲鸿专辑》，文史资料出版社1983年版，第164页。

近于肥胖，但看上去却给人一种丰满而甜蜜的美感，而且还含有那种吴侬软语的妩媚。她擅长油画，还能写一手很秀丽的小楷。我和她住在一间屋子里，徐悲鸿先生则住在对面的那座楼上。

和我同住在一座楼上的还有副研究员陈晓南和孙宗慰，他们都毕业于中央大学艺术系……

……徐悲鸿先生每天仍要去中央大学教课。清晨，他步行去嘉陵江畔，在小摊上买两个烤白薯当早餐，然后坐渡船过江，再步行至沙坪坝中央大学上课，直到中午才返回。[37]

值得注意的是，费成武没有入住磐溪。

徐悲鸿另一高足张安治的忆文可以佐证：

（1945 年）阳历八月十五这一天下午，费成武偕一女友渡江来磐溪，大家留他们晚餐，殷勤招待，有促成其婚姻之意，所以他们离去时已近晚九时。不久，成武敲门又至，报告大喜讯，谓沙坪坝已盛传日本投降。果然这时隔江的爆竹声渐密。推窗远望，市区已红光烛天，想必灯火通明，人群载歌载舞。这时徐先生披衣重起，命人煮咖啡；电灯光弱，加点红烛。大家欢聚在徐先生室内，畅谈这八年的苦难并展望未来，兴奋欢快无比！直到夜深一时许，恐影响徐先生身体，大家才辞出归寝。[38]

《长编》记载：

（1942 年 10 月）于重庆磐溪筹办研究性质的中国美术学院，筹备处设于重庆，工作所设于磐溪。

12 月下旬，赴桂林为中国美术学院筹备处招考一名女资料员，报名者五十人，由张安治进行笔试，最后悲鸿亲自口试，廖静文考中。廖原籍湖南，时年十九岁，高中毕业，当时是桂林某文工团合唱队的队员。

和廖静文一起在七星岩的岩洞里，整理他于战前藏在那里的书籍字画。

（1943 年 1 月中旬）由桂林返抵重庆。

此后画作落款有"沙坪南""沙坪坝上"（《墨竹》），"磐溪"（《葵花懒猫》《二童图》）等。

中大宿舍位于嘉陵江南岸，"沙坪坝上"和"沙坪南"似可理解为中大宿舍。结合前引资料，徐悲鸿于中国美术学院成立于 1942 年 10 月之后，大部分时间居住于磐溪，不排除偶尔回中大宿舍住宿的可能。

费青抵达重庆后先后任教于内迁的复旦大学和朝阳学院：复旦大学彼时位于北碚对岸的夏坝；朝阳学院位于歌马场和连升湾。

上述略显烦琐的考证否定了费青与徐悲鸿"住同一个院子"——特别是同住磐溪石家花园——的可能。但前文里"假设"并未排除。费成武独居中大宿舍，费青 1943 年 11 月抵达重庆看望费成武并暂时与费成武合住中大宿舍是有可能的。如果成立，虽然并非与徐悲鸿"住同一个院子"，但确系徐悲鸿住过的宿舍。支持这一推断的直接证据就是徐悲鸿 1944 年的赠画。彼时徐

---

37 廖静文：《徐悲鸿一生》，山东画报出版社、中国青年出版社 2001 年版，第 198 页。

38 张安治：《一代画师：忆吾师徐悲鸿》，载《文化史料丛刊》（第 4 辑），文史资料出版社 1983 年版，第 52 页。

悲鸿已经是著名的大画家，不可能随意赠画。经由费成武介绍，费青与徐悲鸿相识顺理成章。费青从德国留学归来不久，徐悲鸿也有留学欧洲的履历——其中还曾在德国柏林问学于柏林美术学院院长康普；二人的家乡苏州和宜兴同属太湖之滨有同乡之谊。不无巧合的是，徐悲鸿的国文老师张祖芳以"人不可无傲骨，但不可有傲气"一语相赠，成为他一生的座右铭，《费青文集》首发式上费青妻子叶筠之外甥女、年届九旬的冯湄老师对姨丈的评价正是"有傲骨，无傲气"！综合上述因素，私意以为，费青与徐悲鸿赠画之前有过交往且都留下深刻印象，这才会有徐悲鸿为费青作画之事。徐、费二人返京后的深度交往[39]也说明二人于重庆交往时已是相知颇深的好友。

结　语

1957 年 7 月 24 日，费青病逝于无锡。8 月 8 日，《光明日报》刊发了讣告，治丧委员会名单里有王艮仲、刘镜西、吴晗、吴恩裕、曾炳钧、程筱鹤、雷洁琼、潘汉典、钱端升等——北京政法学院教授包括了彼时的一级教授（钱端升）、二级教授（雷洁琼）、三级教授（曾炳钧）和四级教授（吴恩裕）等，费青重庆时期的师友张志让和闵刚侯均在列。8 月 11 日，在北京嘉兴寺殡仪馆举行了费青教授追悼会，周恩来、邢西萍、吴晗等送了花圈。据学校档案，治丧委员会主任为张志让，副主任为吴晗和闵刚侯。如今，费青重庆时期的师友多已作古，但笔者相信，如同徐悲鸿的画作一样，《费青文集》和《张志让文集》以及未收入文集的先贤作品不会随风而去。

Fei Qing's Years in Chongqing：A Story of A Jurist

Bai Sheng

Abstract：Fei Qing, a famous jurist, taught law in Chongqing (Fudan University, Chaoyang College) during the war against Japanese aggression. He frequently communicated with the famous jurist Zhang Zhirang and the famous artist Xu Beihong. In Chongqing, Fei Qing also wrote some legal articles, indicating his familiarity with German legal philosophy, his legal research in jurisprudence, his legal wisdom and his legal credence.

Keywords：Fei Qing, Fudan University, Zhang Zhirang, Xu Beihong, Chongqing

---

39　徐悲鸿弟子齐振杞 1948 年因医疗事故身亡，费青在其主编的《中建》（北平版）刊载了徐悲鸿的《艺术家齐振杞遭暗杀》以及陈路撰写的《谁杀死齐人教授》（北平通讯），为其仗义执言。据 1949 年出生的费青公子费平成面告，其从小用过的童车系徐悲鸿所赠，由此可知费青与徐悲鸿交往之深。另据潘绍棠著《岁月留痕——潘绍棠艺谈录》（广西美术出版社 2009 年版）一书，"徐悲鸿校长多次请来著名学者来艺专演讲，他们有茅盾、柳亚子、刘清扬、闻家驷、赵树理、林汉达、费青、胡绳、胡华等多人，这对当时师生认识的提高起了很好的作用"（第 69 页）。

争自磨砺：
论晚清刑部官员的律学研习活动及其影响

孙家红*

摘　要： 晚清刑部的律学研习活动，在以薛允升、赵舒翘、沈家本等人为首的律学名家引领下，以成文法律和司法实践为基本内容，兼有行政考核和探求学术的双重面向，起到活跃律学研究、切磋法律学术、培养法律人才等功用，整体上提升了晚清律学的研究水准，催生出大量优秀的律学作品，乃至形成著名的律学流派，进而潜移默化影响 20 世纪最初十年的中国法律变革运动。本文拟藉考察光绪壬午、癸未年间一次具体刑部律学研习活动为契机，尝试对于晚清刑部律学研习活动的主要形式、基本内容、特征及其影响加以述论，希望有裨今人重新发现晚清律学的学术价值，反思百余年来中国法律现代化的深层逻辑与时代意义。

关键词： 晚清刑部　律学研习　法律改革　薛允升　沈家本

引　言

随着近年中国法律史研究逐渐深入，以陕派和豫派律学[1]为主要内容的晚清律学重又进入学术视野，不仅若干著名律学人物（如薛允升、赵舒翘、沈家本、吉同钧）受到重点关注，相关法律历史文献也得到不同程度的整理和揭示。[2]结合以往研究成果，我们大致可知：所谓晚清刑部中

---

* 孙家红，中国社会科学院法学研究所副研究员。

1　对于晚清刑部中的陕派和豫派律学，最早提出者当属沈家本。宣统元年（1909 年）六月，沈在《大清律例讲义序》中指出："律例为专门之学，人多惮其难，……官西曹者，职守所关，尚多相与讨论。当光绪之初，有豫陕两派。豫人以陈雅侬、田雨田为最著，陕则长安薛大司寇为一大家，余若故尚书赵公，及张麟阁总厅丞，于律例一书，固皆读之讲之，而会通之。余尝周旋其间，自视弗如也。近则豫派渐衰矣，陕则承其乡先达之风流遗韵，尤多精此学者。"（沈家本：《大清律例讲义序》，《历代刑法考》附《寄簃文存》卷六，第 2232 页。）此外，晚清法律改革健将董康亦多次公开提及。他在 1934 年发表的一篇论文中指出，"部中向分陕豫两系，豫主简练，陕主精核，以劳勚而擢升秋审、提、坐等职，且有储为尚侍之选者。"（董康：《我国法律教育之历史谭（五续前）》，《法学杂志》1934 年第 7 卷第 6 期，第 4 页。）数年后在《清秋审条例》"绪言"中再次谈及秋审对于司法者律学水平要求甚高，"凡隶秋曹者，争自磨砺，且视为专门绝学。同光之际，分为陕豫两派，人才尤盛。如薛允升云阶、沈家本子惇、英瑞凤冈，皆一时之佼佼者"。（董康：《清秋审条例》，绪言，1942 年线装蓝印本。）

2　相关研究成果主要集中在揭示陕派和豫派律学的人物构成，以及相关律学著述的整理再版。如闫晓君：《走近"陕派律学"》，《法律科学·西北政法学院学报》2005 年第 2 期，第 122—128 页；闫晓君：《陕派律学的几个问题》，《法律文化研究》（2010 年卷），中国人民大学出版社 2011 年版，第 151—163 页；闫晓君：《陕派律学家事迹纪年考证》，法律出版社 2019 年版；闫强乐：《"陕派律学"著述丛考》，《法律史评论》2020 年第 1 期，第 137—147 页；赵亚男：《"陕派律学"研究》，山东大学 2014 年硕士学位论文；王云红：《晚清豫派律学的再发现》，《寻根》2016 年第 1 期，第 95—（转下页）

的陕派和豫派律学，其实是同治、光绪之际在刑部官僚群体中形成的两个重要的法律流派。两派各自拥有领袖人物和忠实拥趸，在晚清刑部律学研习活动中异军突起，并在晚清立法司法乃至法律改革运动中影响显著。晚清刑部陕派和豫派律学之分带有一定地域或籍贯特征。陕派律学家主要由陕西籍刑部官员构成，以薛允升（1820—1901）、赵舒翘（1848—1901）为领袖；豫派则大多属于河南籍，以陈惺驯（1846—1887）、田我霖（1843—1895）、史绪任（1863—1924）[3]等人为代表。

晚清刑部存在不同律学流派，并非空穴来风，而是建立在刑部官员长期大量的律学研习和司法实践基础之上。关于此点，沈家本的记述侧重在"律例之学"——即关于成文法律的研习学问[4]，董康则侧重在秋审司法实践[5]，但不论前者，抑或后者，皆为传统律学的"题中应有之义"。换句话说，晚清刑部陕派和豫派律学之分野，十分仰赖刑部官员积极活跃的律学研习风气。董康曾特别指出晚清陕派和豫派形成各自不同风格——"豫主简练，陕主精核"[6]。尽管我们今天限于史料，一时难以讲清"简练""精核"之确切含义，但这两个高度凝练的词语不断提醒我们，在分析处理关于晚清陕派、豫派律学的问题时，有必要超越地域或籍贯标签，从晚清律学研习活动的广阔视野进行考察。

不仅如此，在陕派和豫派律学家异军突起背后还有许多鲜为人知的事实，有待我们进一步揭示。例如，统计发现，晚清同光之际刑部陕西和河南籍官员数量上并不算多，远少于直隶籍刑官，甚至少于沈家本所属的浙江籍刑官。因此，陕派和豫派律学何以会在晚清刑部中异军突起，独领风骚，便是一个值得思考的问题。另外一个不容忽视的事实是，薛允升不仅作为晚清刑部陕派律学的绝对领袖，直接培育和影响了大量陕西籍刑部官员，在其周围长期围绕着众多陕西籍刑官，受其指导、提拔乃至庇佑；与此同时，豫派律学的代表人物作为其"门生故吏"，也无比崇敬薛允升，并深受陕派律学影响。当然，反过来，豫派对于陕派律学的影响或"反哺"也是客观存在的，即如陕派律学巨匠赵舒翘坦承，在他的律学成长过程中豫派律学大家田我霖曾给予极大帮助。[7]

推而广之，晚清刑部律学研习活动中，薛允升的知识影响力绝对不容小觑。他积数十年律学研习之功，以丰富高超的司法经验，不仅亲手缔造了晚清陕派和豫派律学的辉煌，众多刑部官员更不同程度地从其身上获益，以至于他在晚清刑部赢得广泛爱戴。关于此点，我们可从其名著《读例存疑》的编纂、整理、刊刻成书过程略见一斑。1901 年薛允升去世后，参与该书整理刊刻的门生故吏具名者便有 20 多人。其中除沈家本主持全面编校工作外，属于旗籍者 3 人，来自陕

（接上页）100 页；王云红：《中国法律史上的失踪者：晚清豫派律学家群体考论》，《河南大学学报》（社会科学版）2020 年第 5 期，第 82—88 页；陈丽：《吉同钧研究综述》，《中西法律传统》2022 年第 1 期（总第 20 卷），第 125—132 页。闫晓君等人主持整理的陕派律学著述主要有：赵舒翘：《慎斋文集》，法律出版社 2013 年版；吉同钧：《乐素堂文集》，法律出版社 2014 年版；吉同钧：《大清律讲义》，知识产权出版社 2016 年版；吉同钧：《大清现行刑律讲义》，知识产权出版社 2016 年版；吉同钧：《大清律例讲义》，知识产权出版社 2018 年版。

3　以往豫派律学人物著名者仅有陈惺驯、田我霖二位，史绪任为笔者新近发现。其生平情况参见：《署司法总长董康呈大总统拟请征淹通旧律人员史绪任等调部任用以资补助文》，《政府公报》第一千七百一号，民国九年十一月十日；史延寿：《清故通议大夫广东高等审判厅厅丞史府君墓志》，中国国家图书馆藏"碑帖菁华"，编号 6553。

4　沈家本：《大清律例讲义序》，《历代刑法考》附《寄簃文存》卷六，第 2232 页。

5　董康：《清秋审条例》，绪言，1942 年线装蓝印本。

6　董康：《我国法律教育之历史谭（五续前）》，《法学杂志》1934 年第 7 卷第 6 期，第 4 页。

7　赵舒翘：《雨田公墓志铭》，载《河南开封大梁田氏族谱》，1921 年。

西、河南、山西者各 3 人，来自江西、直隶者各 2 人，其余 4 人分别来自湖南、四川、江苏和安徽。[8]笔者根据近年发现的《读例存疑》稿本统计分析——保守估计，至少 50 名以上刑部僚属曾经参与其中，帮助薛氏收集资料或抄录书稿。[9]因而在某种意义上，皇皇巨著《读例存疑》本身既是晚清刑部律学集体知识智慧的结晶，又作为一项晚清刑部律学研习活动的重大成果而存在。

众多事实告诉我们，对于晚清刑部律学研习活动，我们有必要从一个更加广阔、更具一般性的视野重新审视晚清律学研习活动本身，包括律学研习活动的主要内容和基本形式、主要特征及其影响，乃至晚清律学研习活动对于法律改革的潜在影响。然而，这些内容在以往关于中国近代法律史的研究成果中很难看到，以致我们无法对晚清法律改革前夜的中国法律学术发展获得较为全面客观的认知评价。有鉴于此，本文拟藉考察一次具体生动的晚清刑部律学研习活动，进而尝试勾勒晚清刑部律学研习活动[10]的整体样貌，并对晚清律学研习活动与法律改革之间的深层逻辑稍加探讨，希望能对未来重新认识晚清律学，以及反思晚清以来中国法律的古今之变提供些许参考。

一、从《妇女实发律例汇说》看晚清刑部的律学研习活动

平心而论，《妇女实发律例汇说》的重新发现带有一定偶然性。此前笔者为了研究北京、东京、上海三地现存薛允升《读例存疑》稿本，[11]曾系统研读了目前所能见到、几乎全部薛允升和沈家本的各类作品，但对沈家本《寄簃文存》中收录《薛大司寇遗稿序》一文的来龙去脉百思不得其解。据沈氏言，薛允升在辛丑扈驾回銮途中病逝于河南开封，随后在其主持下，刑部同仁率先整理出版了 54 卷本薛氏遗稿《读例存疑》。[12]其他几种薛氏遗著（《汉律辑存》《唐明律合编》《服制备考》）虽然已经编竣，但稿本并不在沈家本等人掌握之中。在此情况下，沈家本认为不应埋没薛氏律学贡献，为免遗稿进一步散佚，计划整理出版《薛大司寇遗稿》。据该序文可知，《薛大司寇遗稿》共分前后二卷，"前卷乃宪牍之圭臬，后卷亦一代之典章所系"，皆非薛允升平时刻意留存，却很有研究参考价值的律学作品，故以"遗稿"名之。[13]然而奇怪的是，我们遍寻国内外各大公私馆藏，始终未能睹其真容。

后来，笔者在研读沈家本著作过程中偶然发现：2013 年影印出版的《沈厚铎藏沈家本手稿》第一函中收录一册名为《妇女实发律例汇说》（以下简称《汇说》）的稿本，其卷首序言与《薛大司寇遗稿序》在文字上几乎一致。据之可以判定：《薛大司寇遗稿序》就是在《妇女实发律例汇说序》的基础上修改而成——不过增删十数字而已。[14]然在《汇说》手稿卷首，除了这篇颇显雷同的序文外，沈家本赫然写有"长安薛允升撰/归安沈家本参订"字样。由此可知，《汇说》原系薛允升的律学作品，沈家本不过是薛氏原作的参订者。与此同时，《汇说》稿本向我们提供

8　孙家红：《散佚与重现：从薛允升遗稿看晚清律学》，社会科学文献出版社 2020 年版，第 9—10 页。

9　同上书，第 92—101、120 页。

10　在此需要指出的是，"晚清刑部"是本文讨论的时空场域，刑部官员的律学研习活动则是讨论对象。所谓"刑部律学"的概念并不存在，事实上也很难成立。

11　孙家红：《散佚与重现：从薛允升遗稿看晚清律学》，社会科学文献出版社 2020 年版。

12　沈家本：《读例存疑序》，载《历代刑法考》附《寄簃文存》卷六，第 2221—2222 页。

13　同上书，第 2223 页。

14　具体发现和论证过程，参见孙家红：《散佚与重现：从薛允升遗稿看晚清律学》，第三章，第 169—201 页。

了很多重要讯息，使我们清楚知道：这部稿本恰好诞生于晚清刑部一场集体律学研习活动，并在晚清法律改革过程中产生过实际影响。下面，谨据《汇说》卷首薛氏自撰"缘起"，以及沈氏参订过程中所作三段按语，对这次律学研习活动稍加探索。

首先，据沈家本按语，"光绪壬午、癸未间，司寇薛公在西曹，谕令各司，将妇女应否实发各条，各抒所见，呈递说帖，公亲自评其得失。时天水尚书尚在律例馆，因取公说，汇为是编"。[15]可见，刑部这次律例研习活动大致发生在光绪壬午、癸未——即光绪八、九年间（1882—1883），由时任刑部左侍郎的薛允升发起组织，谕令刑部各司官员，针对《大清律例》中关于妇女犯罪后应否实际进行发遣的律例条文，各抒己见，呈报长官，再由其本人评骘优劣，检讨得失。另据薛氏自撰"缘起"，他试图通过本次律例研习活动，号召大家讲求法律之学，考究定律本原，并藉此考察各位司员法律专业水平优劣。随着各位司员将讨论律例的说帖陆续上呈，薛逐一批阅，"其有与例意足相发明者，就现行例内分为实发为奴者二十一条，实发而不为奴者九条，并有为奴而不实发者一条，略汇前说，逐注条末，存以俟考。"[16]在这之后，"天水尚书"——即赵舒翘将本次律例研习活动所讨论的各条法律条文，结合薛的批注意见汇集成册，供刑部僚属传抄学习。如今我们在赵舒翘的《慎斋文集》中可见一篇名为《代核妇女实发例议》的长文，应即当日工作之成果。[17]至于沈家本，同治初年便入刑部担任司员，此时已在部中历练多年，躬逢其盛，并在这次律例研习活动之后，从友人处抄得赵舒翘汇集而成的全稿，也就有了现存之《妇女实发律例汇说》。

进而，我们将赵舒翘所集《代核妇女实发例议》和沈家本所抄《妇女实发律例汇说》稿本逐字进行比较，可以发现光绪壬午、癸未间这次薛允升组织的律例研习活动，在赵、沈二人身上产生了不同反响。一方面，赵舒翘似乎只是在薛允升批注底稿基础上汇集成书，原原本本，未作任何更动，以致该稿起首"缘起"文字中明言该稿收录"妇女实发律例"共32条，但内中实仅收录31条。这样的纰漏，赵并未加以指出，但在沈家本抄录过程中有所发现，直接指出"此中尚遗漏若干条"，并在《汇说》稿本中试图厘正。[18]另一方面，在同样作为一流法律专家的沈家本看来，薛、赵二人的工作难言完善，不仅其中所收录的妇女实发律例条款未能穷尽，分类亦不明晰，按语更非恰切。所以，沈在参订过程中不仅补录12条妇女实发例文，[19]更将全部条款重新进行分类，并大幅增删修改了每项条文后的按语文字。最终在现存《汇说》稿本中可见，沈家本参订后的贡献足可与原作者相拮抗。

然而，光绪壬午、癸未间这次律例研习活动影响绝不限于赵、沈二人。据沈自述，其手中《汇说》原稿并非直接得自薛允升，也不是直接抄自赵所汇集的稿本，而是从其他刑部同僚手中抄录而来。由此可知，除沈家本外，还有其他刑部官员对这次活动成果给予关注，详细抄录了赵舒翘汇集而成的稿本。无独有偶，笔者在中国国家图书馆普通古籍部中发现一部名为《妇女实发律例汇说》的抄本（编号49699）。通观可知，该书实为一册法律文献的杂录汇抄，封面残而无

15　薛允升、沈家本：《妇女实发律例汇说》，沈氏按语一，《沈厚铎藏沈家本手稿》第1函第1册，第142页。

16　薛允升、沈家本：《妇女实发律例汇说》，缘起（薛允升），《沈厚铎藏沈家本手稿》第1函第1册，第121—122页。

17　赵舒翘：《代核妇女实发例议》，载王步瀛编《慎斋文集》卷四，西安：西山书局1924年版，第9—16页。

18　薛允升、沈家本：《妇女实发律例汇说》，缘起（薛允升），《沈厚铎藏沈家本手稿》第1函第1册，第121—122页。

19　其中：实发为奴者4条，实发而非为奴者2条，徒流不收赎者3条，迁徙者3条。参见孙家红：《散佚与重现：从薛允升遗稿看晚清律学》，第190页。

名，但因为开篇抄录了沈家本参订过的《妇女实发律例汇说》稿本，故被馆方冠以《妇女实发律例汇说》之名。尽管此书抄录者姓名暂时无从查考，但从其行文遣词来看，基本可以判断该人系属晚清刑部（法部）一员，同时与陕派律学人物吉同钧交往密切。是以此番抄录行为或可视作前述刑部律学研习活动影响的又一余波，从中亦可看出，晚清律学研习活动实际是一个历史的持续的过程。

不仅如此，沈家本初步完成《妇女实发律例汇说》参订工作大致在 1884 年（光绪甲申），距离前述律例研习活动为时甚近，但其并未急于公布，而是一直将之珍藏箧衍。迨其重新校正底稿，并为该书撰写序文，已是光绪三十三年（1907）冬季。彼时沈家本担任修订法律大臣五年之久（1902—1907），晚清法律改革进行得如火如荼。而在该稿末尾，沈家本特别补写一长段按语，言道："计自癸卯岁奉命修订法律，于次年三月开馆，次第请将律例之不合于用及重法数端，先行删除，……此编所列者……所存者不过一半矣。"[20]由此可见，1882—1883 年间薛允升在刑部组织的这次集体律学研习活动，不仅成就了《妇女实发律例汇说》（和赵舒翘《代核妇女实发例议》）这样的律学作品，而且昔日刑官们所研讨的数十条妇女犯罪实发律例中，约有一半篇幅在修订法律大臣沈家本手中得以删除。

总之，《妇女实发律例汇说》作为晚清刑部律学研习活动的一份珍贵记录，不仅为我们深入了解晚清刑部的律学研习活动提供了难得契机，更为我们全新审视晚清律学对于法律改革的潜在影响，提供了一个无比生动的真实例证。

二、晚清刑部律学研习活动的主要形式和基本内容

晚清刑部律学研习活动的主要形式大致可分三类：一是刑部长官组织领导下的集体律例研习；二是刑部官员自发组织的律例研习；三是刑部官员个人自主进行的律例研习，或法律知识上的私相授受。下面，谨结合若干例证分别加以概述。

首先，前述发生于 1882—1883 年间薛允升组织的法律考核，可以视作一次典型的刑部长官组织领导下的集体研习活动。之所以言其典型，关键在于：有清一代刑部僚属在长官组织带领下，针对以《大清律例》为核心的王朝成文法律展开研究讨论，此类律学研习活动既不自薛允升始，亦不至薛允升止，而是普遍发生的现象。即如嘉庆二十五年（1820）夏季刑部尚书韩崶（1758—1834）命令各司"将现行律例中有未安者，各献其疑，以凭奏明修改"[21]。光绪二十四年（1898）九月，新任刑部尚书赵舒翘传谕各司，"每日一司，上堂谒见，询以公事，或秋审，或现审律例中疑难处"[22]。在赵之后担任刑部尚书的满族人绍昌（1857—1912），更是连日在刑部内堂"面考各司实缺人员，……每人各一题，即照律例各门中摘取一二句……雁行列坐，各授纸笔"[23]。

可以想见，在刑部长官主持下，借由考察僚属掌握《大清律例》的熟练程度，或针对某类法律问题（如妇女实发律例）进行集体研讨，以提升刑部官员法律专业水平，此类活动的发生频率

20　薛允升、沈家本：《妇女实发律例汇说》，沈氏按语三，《沈厚铎藏沈家本手稿》第 1 函第 1 册，第 152 页。
21　包世臣：《中国近代思想家文库·包世臣卷》，中国人民大学出版社 2013 年版，第 438 页。
22　唐烜：《唐烜日记》（赵阳阳、马梅玉整理），光绪二十四年九月十三日，凤凰出版社 2017 年版，第 144—145 页。
23　唐烜：《唐烜日记》，光绪三十二年十月廿五日、十二月初九日，第 254—255、268 页。

虽与长官自身行政勤惰密切相关，但多半属于司法行政常规性事务，故相关记录屡见不鲜。值得注意的是，此类律例研习活动的性质并不单一，往往兼具日常司法行政考核与专题律例研习的功能，所以对于刑部官员的律学知识成长、职业技能训练等方面的影响也较复杂。

其次，与长官组织领导的集体律学研习活动相比，晚清刑部官员自发组织的律学研习活动更加频繁发生，形式亦更多元。即如由某些刑部官员牵头，组织部中同仁共同研讨专业法律知识。宣统元年（1909）三月沈家本为同僚罗维垣（石帆，1858—？）的律学新著《官司出入人罪减除折算表》撰写跋文，予以表彰。据其介绍，该书作者长期在刑部工作，律学水平较高，经常集合刑部同僚进行律学研习，而且喜欢以"官司出入人罪减除折算"为题，向同僚们反复诘难，对方则往往感到题目艰晦，不易回答。有鉴于此，罗利用整整一个月时间将相关法律规定条分缕析，列为三表，以便读者可以开卷了然。[24]另如陕西籍刑部官员霍勤燧（1867—1933）曾在一段时期内与刑部同寅采用"立课"形式，每月六次，请同乡刑官吉同钧虚拟问题及疑难案件，"各自答问，办稿汇齐，评定甲乙。数月以后，颇觉进益。"[25]此类刑部官员自发组织的律例研习活动往往具备一定规模，因而也带有一定集体性，但根本上并不具备行政考核功能，亦非公务行为，而更像是一种同僚间的专业组合，藉此达到砥砺学术、提升律学专业知识，以及增进同僚寅谊之目的。

刑部官员自发组织的律例研习活动在形式上相当灵活，有时表现为定期或不定期组织的集体研习，更多时候则体现在具体律学著作的编撰过程中。即如光绪十二年（1886）沈家本为研究刺字刑罚的司法规则，与刑部同僚广西司主事郭安仁（存甫）商议，"取旧本重编而类区之……附以处分各例，……编既成，颜之曰《刺字集》"。[26]数年之后，沈又鉴于《唐律疏议》一书久无良善之本，带领刑部同仁醵资重刻，以广流传。据沈氏亲撰《重刻唐律疏议序》，当时参与其事者还有另外两位著名刑官：张成勋（1848—1912，陕西汉阴）和冯锺岱（1852—？，江苏武进）。而在该书正式付梓前，沈将序文拿给僚友们品鉴批评。在有幸保存至今的序文草稿页眉处，仍可见其刑曹好友徐兆丰（1835—1908）墨笔留下的批语——"探原立论，体大思精""仁人之言""断语确凿不磨""此层万不可少""推阐尽致"等等，可谓推崇备至。[27]

第三，刑部官员个人自主进行的律例研习，或将法律知识私相授受，亦相当普遍。我们在梳理晚清法律历史过程中，经常可以见到刑部官员刻苦研读法律专业知识的记录。即如在沈家本光绪五年的日记中，便曾大量且连续出现"看秋审"和"校大清律"的记载，[28]足征其当年在研读《大清律例》和秋审司法方面花费了不少工夫。又如董康回忆昔日刑部官员研习秋审司法之盛况，"凡隶秋曹者，争自磨砺，且视为专门绝学"。[29]据此可以想见，晚清刑部中有一部分官员对于秋审司法孜孜以求，而且同僚之间似乎存在一定竞争关系，每有独得之乐。

然而"独学而无友，则孤陋而寡闻"，如果在律学研习过程中遇到良师益友，加以引领指点，将十分有利于个人学术之成长。我们看到，在人文色彩浓厚的晚清刑部，源自不同籍贯的刑部同

24　沈家本：《罗石帆官司出入人罪减除折算表跋》，《历代刑法考》附《寄簃文存》卷八，第 2273 页。

25　霍勤燧：《悟云轩全集》卷二，酉山书局 1932 年版，第 13 页。间引自陈丽：《朝邑进士霍勤燧》，《渭南文博》2022 年第 1 期。

26　沈家本：《刺字集序》，《历代刑法考》附《寄簃文存》卷六，第 2227 页。

27　沈家本：《重刻唐律疏议序》手稿，载《沈家本墨迹四种·读律赘言》，杭州：华宝斋，2019 年，第 29—32 页。

28　沈家本：《沈家本日记》，光绪五年（己卯），《沈家本全集》第七卷，中国政法大学出版社 2010 年版，第 665—686 页。

29　董康：《清秋审条例》，绪言，北京：中国书店，1942 年原刊，2007 年影印版，第 2 页。

僚之间，因为专业上志同道合而结成松散组织，定期或不定期进行律学研习活动者，固不乏人；基于乡缘或门生故吏关系结成的律学学术纽带，在律学研习活动中表现更为突出。据吉同钧自述，1890 年其到刑部任职，时值同乡前辈薛允升、赵舒翘先后担任刑部尚书，"谆谆以多看秋审相告语，并为摘要指示"，[30] 大收研读之效。无独有偶，薛允升曾据自身多年参与秋审司法经验，撰有两册稿本《秋审分类批辞》，长期随身携带，以备参考。光绪二十五年（1899）薛将之赠与同乡后学郭昭，并指示从中学习秋审司法要诀。郭收到该书后，"珍而藏之"，时常置于案头，加以揣摩，亦获益匪浅。[31] 整体而言，吉、郭二人律学成长之路有似传统同乡先进带后进，或师傅带徒弟之类的学术传承模式。徒弟进步多少、收效快慢，既取决于个人天赋和努力程度，当然也与同乡前辈刑官的律学水平和悉心指导大有关系。

除了乡缘籍贯纽带，晚清刑部官员之间的门生故吏关系，在律学研习活动中的表现更值得注意。在这里我们有必要再次提及薛允升的不朽名著《读例存疑》。该书正式刊布已在薛氏故去之后，全书整理编辑、校订出版，乃至筹资发行，皆由感念其遗泽的门生故吏一手完成。笔者通过研读现存十六册《读例存疑》稿本发现，该书不过是薛允升律学研究计划的一个重要组成部分。该计划大致以《大清律例》为纲，试图在详细梳理成文法律历史沿革基础上，对现行法律进行学理和实践检讨，并为未来重启法律修订工作提供知识储备。这无疑是一项立意深远的宏大律学研究计划，也是一项现实指导意义很强的法律改革规划，故而相当耗时费力。事实上，在薛允升进行该项律学研究计划过程中，曾有很多门生故吏参与其中。据现存稿本分析统计，至少有 50 名以上刑部官员参与其事，帮助薛允升查找或抄录资料，乃至协助其校订书稿。[32] 前述 1882—1883 年间薛允升在刑部组织的律学研习活动，似乎与他的这项宏伟计划也存在关联，因为我们看到这次律学研习活动的具体成果不仅体现于赵舒翘汇集的《代拟妇女实发例议》和沈家本参订的《妇女实发律例汇说》，相关修律意见更被直接吸收进《读例存疑》。总之，薛允升数十年如一日进行的律学撰述，是一种原创性很强的学术研究工作，而在其出色组织引领和高超学养影响下，众多门生故吏参与其中，共同促成了这部卷帙浩繁的不朽名著。通过此类律学研习活动，不仅刑部僚属们的律学水平得到锻炼提升，也从根本上树立起薛允升在晚清律学界的一代宗师形象。

犹有进者，薛允升在刑部经营凡四十年，其平日编撰的一些司法指导用书，因为十分切合实用，故而常常成为刑部同僚们争相学习的宝贵教材。即如《秋审略例》——据薛氏门人江联莘讲，该书原稿四卷，"吾师长安薛云阶大司寇所编纂，同曹办秋谳者莫不互相传抄，奉为圭臬者也"。[33] 然经笔者研究发现，此书在传抄流布过程中，不断有传抄者根据个人司法经验和律学研习心得，对之增删改补，以致其作为薛氏律学作品的色彩日渐模糊，甚至某些人会在传抄研习过程中直接署上自家名号，俨然忘记薛氏乃为该书原创。[34] 例如，继沈家本之后出任大理院正卿的满洲籍刑官英瑞（1846—1910），早年从刑部同僚沈曾植（1850—1922）处借得薛氏《秋审略例》抄本，并根据自身秋审司法经验不断增改，最终积成 12 卷本《秋审类辑》，规模上远超薛氏原

30　吉同钧：《新订秋审条款讲义序》，《新订秋审条款讲义》卷首，宣统三年印本。

31　孙家红：《清代的死刑监候》，社会科学文献出版社 2007 年版，第 204 页。

32　孙家红：《散佚与重现：从薛允升遗稿看晚清律学》，第 102—138 页。

33　江联莘：《秋审略例序》，《秋审略例》卷首，光绪二十七年刊本。

34　孙家红：《历尽劫灰望云阶：薛允升遗著〈秋审略例〉的散佚与重现》，《法制史研究》第 24 期，2013 年 12 月。

作，但其整体架构实未脱薛氏藩篱，部分内容与《秋审略例》更属雷同。[35]这种别具一格的文本演变过程，一方面说明薛允升作为晚清律学权威人物，在刑部律学研习活动中具有深远影响，为秋审司法做出巨大贡献；另一方面，从刑官们争相抄录薛氏作品来看，也透露出晚清刑部官员律学研习之积极活跃。

通过上面对于晚清刑部律学研习活动主要形式的概括分析，我们略可窥见彼时律学研习的基本内容。简言之，作为传统律学之继承延续，晚清刑部律学研习活动的基本内容往往涉及两大方面：一、针对成文法律进行讨论；二、围绕司法实践展开研究。但刑部作为"天下刑名总汇"，面对的法律问题既繁且难，出于正常履职需要，刑部官员中很少有空谈的理论家，其律学知识多半是从司法实践中历练而来。因而，在晚清刑部官员具体的律例研习活动中，上述两方面内容其实很难截然区分；甚至恰恰相反，二者经常处于水乳交融的状态。即如前述1882—1883年薛允升组织刑部官员进行的律学研讨活动，便是以检讨成文法律条款（"妇女实发律例"）为核心，但在往复讨论过程中，薛允升和沈家本在批注按语中又都大量征引了既往案例或司法实践方面的内容。

相比之下，薛允升的律学作品《读例存疑》以研究讨论和修改完善王朝法律为主旨，因而属于"针对成文法律进行讨论"之一典型。正如前述，该书原本从属于一个以《大清律例》为纲的宏大研究计划，试图将各项法律条文的历史演变追本溯源，上起商周秦汉，下迄宋元明清，进行全面系统梳理，总结得失，欲在未来修订法律过程中获得较为理想的解决方案。实际上，如何全面更新完善清朝的成文法律体系，因应中国社会三千年未有之巨变，是薛允升的毕生宏愿，并贯穿其全部律学著作当中。除《读例存疑》以外的其他薛氏律学作品，诸如《汉律辑存》《唐明律合编》《服制备考》《定例汇编》等，尽皆充满了法律变革之思。而在这项律学计划实施过程中，除了薛允升始终主导全局外，包括沈家本、郭昭、武玉润、陈浏等人在内数十名刑部僚属深度参与其中，对于薛氏律学著述之苦心孤诣深表同情，并极力襄赞，玉汝于成。因此，从现代知识产权角度来看，薛允升所主持实施的宏伟律学研究计划及其生前亲手删定的几部律学名著，完全可以视作晚清刑部律学研习活动之重要成果。此外如1890年前后沈家本联合张成勋、冯锺岱校勘重刻《唐律疏议》，表面上看是为刑部同侪们研究前朝法律提供准确精当的研读文本，其实因为唐律与明律、清律之间存在密切的法理渊源，故而此举也可以说是为了更好地研究当朝法律，进而考虑如何修改和完善现行法律。

研究梳理司法制度、惯例规则，完善相关司法实践，是晚清律学研习活动的基本功能追求。即如前述1876年沈家本与郭安仁合作编写《刺字集》，便是为了厘清刺字刑罚在实践中如何恰当运用；宣统元年（1909）罗维垣在平日研习基础上撰写《官司出入人罪减除折算表》，则是为了同侪面对官司出入人罪——即不当拟罪案件——如何更好地分析涉案人员的法律责任和法律后果。大约在此前后，沈家本撰有一部十卷本《秋谳须知》，该书部分内容源自其父沈丙莹早年在刑部抄录整理的《秋审旧式》，同时受到薛允升《秋审略例》影响，但主要是沈氏基于个人多年秋审司法经验撰写而成。与《读例存疑》比较类似的是，该书在撰写修订过程中也有其他刑部官员参与，因而也部分吸收了刑部同僚的律学智慧和司法经验。[36]所以，该书同样既是一部个人化

---

35 英瑞：《秋审类辑自序》，《秋审类辑》卷首，中国社会科学院法学研究所图书馆藏，晚清稿本。

36 即如该书第五卷起首处，沈家本亲笔题注："此编系未成之书，其中不妥之处，须大加删改，请诸公细核。"（沈家本：《秋谳须知》卷五，卷首按语，《沈家本全集》第一卷，中国政法大学出版社2010年版，第617页。）

十足的律学作品，也是晚清刑部律学研习活动中又一项集体智识成果。

再者，清代刑案司法过程中对于既往案例（成案）相当重视，在《大清律例》中明确规定，部分判决完结且有一定参考价值的案例，经过王朝立法程序被钦定为"通行成案"，颁布各省，在其通行——即具有法定效力期间，可被当作成文法源直接援引。[37]不仅如此，在经验老到的刑部资深专家看来，除了平日研习背诵以《大清律例》为核心的王朝成文法律外，研读既往司法成案则是新科职员迅速提升其法律技能的最佳途径。因而，很多刑部官员花费大量时间研读刑部积累的历年成案，以求晋升。其中一些训练有素者还会在个人研读之余汲汲从事成案的编选整理，乃至刊刻出版，以便为自己或同侪提供研读之资。即如沈家本对历年成案便十分留意，利用工作之暇，不断抄录刑部文牍、说帖节要等官方司法档案，最终纂成 126 卷本《刑案汇览三编》。其他一些著名的刑部法律专家，也留下大量水平精湛的律学作品。诸如曾经主持平反杨乃武与小白菜案件的刑部尚书桑春荣（1802—1882）撰有 16 卷本《秋审实缓比较汇案》，[38]崇纲、英祥纂有 24 卷本《秋审实缓比较成案》，[39]这些书籍皆属晚清重要的秋审司法指导用书，一时之间不胫而走，大有洛阳纸贵之概。

总之，无论一般性的刑案汇编，还是专门针对秋审司法的成案汇编，皆以研究司法实践为内容，以规范、便捷、有效进行刑案司法，达致公平正义之司法结果为鹄的。尽管此类法律史料带有明显的实用或功利主义倾向，但无疑都是晚清律学研习活动的重要成果，值得研究者重视。

三、晚清刑部律学研习活动的特征与影响

晚清刑部律学研习活动不仅形式灵活多样，其特征与影响亦丰富多彩。经由前面三部分述论，我们可从以下几个维度分析晚清刑部律学研习活动的主要特征：一、公务行为和学术行为；二、公开性和私密性；三、群体性和个人性；四、继承延续和创新改造。

首先，刑部长官组织领导的集体律学研习活动，往往带有一定公务色彩，或属于职务行为。即如 1898 年赵舒翘以律例为题，逐日考察刑部各司官员；后来者如绍昌，当面考试各署刑官，二者皆具考核法律专业技能之目的。但薛允升在 1882—1883 年间组织关于"妇女实发律例"的研习活动——据其自述，"盖欲讲求律例之原本，藉觇阖署之人材"，并不单纯以法律考核为目标，而是希望通过考核、研讨律例的形式，带领僚属们一同探究立法本原，涵养法律人才，因而带有很强的学术性。如果同时考虑到这次律学研习活动成果不仅凝成《妇女实发律例汇说》这样难得的律学作品，而且其中关于律例条文的修订意见更在后来法律改革过程中得到部分落实，也可以说这次律学研习活动带有一定政策导向。

其次，晚清刑部律学研习活动的公开性是其常态。不管是刑部长官通过行政命令组织的，还是刑部官员自发组织的集体性律学研习活动，往往都采用公开形式进行。但律学毕竟为一大专业，具有一定专业知识门槛，能够参与刑部律学研习活动者，首先必须具备一定职级身份，并非泛泛之辈可以随意加入。所以，晚清律学研习活动的公开性并不意味着对刑部以外完全开放。另外值得注意的是，刑部官员之间相对私密的律学研习和知识交流活动，客观而广泛存在。即如前

---

37 官修：《大清律例》（田涛、郑秦点校）卷三十七，断罪引律令，法律出版社 1999 年版，第 596 页。

38 桑春荣：《秋审实缓比较汇案》，同治元年刊本。

39 崇纲、英祥：《秋审实缓比较成案》，光绪七年荣禄堂刊本。

述 1890 年沈家本将《重刻唐律疏议序》底稿交由同僚徐兆丰品评，仿佛此举仅发生于二人之间。又如薛允升私下指点同乡晚辈吉同钧、郭昭等人进行秋审研究，传授司法要诀，如此难得的律学进修机会，首先必基于相当亲密的僚属或同乡关系，至于一般刑部同僚，或许只能望洋兴叹，可遇而不可求。

值得注意的是，有关秋审司法的律学知识在清代律学体系中具有特殊地位。因为秋审司法要求极高，在一定程度上需要司法者具备超越成文法律的知识技能和视野，司法文牍更是繁复，尤其讲究谨慎行文，因为一字一句"动辄关系生死"。但事实上秋审司法的指导用书极为稀缺，很多人经常求而不得，精通秋审的专家更属百不一见。所以，薛允升编撰的司法指导手册（《秋审略例》）一经问世，便被大家纷纷抄录而去，视为"枕中鸿宝"，私下研习，轻易不愿再拿出来，以致我们在现存秋审文献的序言或跋文中经常可见"枕中秘"或"枕密"字样。之所以如此，或许与某些刑部官员自私自利或居奇心态有关，某些也可能只是出于谨慎，不愿将并未成熟的律学成果与众分享，以免误导，但根本上是由秋审文类长期处于稀缺状态所决定的。[40]

再次，晚清刑部律学研习活动的群体性或集体性比较容易理解，也相当显而易见。即如前述刑部长官组织的集体性律学研习或考核，属于常规性部务，不仅发生在晚清刑部，在整个有清一代都是经常之事。相对而言，晚清刑部官员自发组织的律学研习活动，较清代前期和中期更为活跃，陕派和豫派律学的异军突起，即为一明证。当然，这也可能因为时间越是晚近，留下的史料越多，以致给我们造成部分认知上的错觉。但是我们如能兼顾晚清刑部研习活动中的个人化影响，可能会对晚清刑部空前活跃的律学研习活动多一分同情与理解。

所谓晚清刑部律学研习活动的个人化影响，主要包含两层含义：

一方面，清代刑部官员既作为群体或集体之一员，主动或被动参与到刑部律学研习活动当中，但毕竟又是单纯的律学研习个体，因而个人或个性化的律学研习活动，以及产生个人化律学成果差异，诚所难免。即如罗维垣在组织同僚进行律学研讨过程中，特别喜欢针对"官司出入人罪减除折算"的法律问题进行问难；沈家本早年则对清律中的刺字刑罚比较感兴趣，并联合同僚重刻《唐律疏议》，在法律文献上贡献较大。至于薛允升的宏伟律学研究计划，则自其初到刑部时便已立下宏愿：以《大清律例》为纲，上溯商周秦汉，下迄唐明本朝，旁及各类法律文本，全面系统检讨成文法律得失，为未来法律变革铺平道路。因其体大思精，故在同僚中不乏有人将薛氏律学著述统称为"法律全书"。[41]相比之下，沈家本系统撰述古代法律历史（《历代刑法考》）[42]整体上起步较晚——已是其担任修订法律大臣之时；在其广博的律学著述当中，自又不乏为了法律改革而写成的"急就章"。

另一方面，晚清刑部律学研习活动的个性化或个人化影响，表现为在刑部内部产生了不同的律学流派和律学风格，最终成就了王朝末期传统法律学术的短暂辉煌。如前所述，陕派和豫

40 参见孙家红：《清代秋审文类述论》，《法制史研究》第 11 辑，2007 年 6 月。

41 许世英：《许世英回忆录》，台北：人间世月刊社 1966 年版，第 36 页。

42 《历代刑法考》实际上是沈家本系列考证中国法律历史的著作合集，包括《刑制总考》四卷、《刑法分考》十七卷、《赦考》十二卷、《律令》九卷、《狱考》一卷、《刑具考》一卷、《行刑之制考》一卷、《死刑之数》一卷、《唐死罪总类》一卷、《充军考》一卷、《盐法考、私矾考、私茶考、酒禁考、同居考、丁年考》合一卷、《律目考》一卷、《汉律摭遗》二十二卷、《明律目笺》三卷、《明大诰峻令》一卷、《历代刑官考》二卷。上述二十一种共七十八卷，后经收入《沈寄簃先生遗书》（甲编），统称《历代刑法考》。1985 年中华书局出版点校版《历代刑法考》（附《寄簃文存》），即以《沈寄簃先生遗书》（甲编）为底本，收录该书全部内容。

派律学在晚清刑部律学研习活动中领尽风骚，而其赖以产生的人文因素深深得益于：一、以若干源自陕西和河南籍的刑部官员为主，形成了超越地缘纽带的不同法律学术风格；二、薛允升作为晚清一代律学宗师，不仅亲自缔造了陕派律学，也深刻影响着豫派律学，成为晚清刑部律学界的不二领袖和学习楷模。论其在晚清律学研习活动中的个人化影响，以及该种影响之深远广被，赵、沈二人远不能望其项背。是以，晚清刑部律学研习活动中的个人化影响，绝对不容忽视。

复次，晚清刑部律学研习活动作为此前历史之延续，并非画地为牢，毫无作为，而是在继承以往律学基础上不断推陈出新。结合此前关于晚清刑部律学研习活动的主要形式、基本内容、研究方法等方面之探讨，可以说晚清刑部律学研习始终在传统律学的轨辙上持续前进。以薛允升、沈家本等人为代表的刑部官员，对于传统律学知识掌握之纯熟、司法实践水平之高超、律学著述规模之庞大、研究法律问题之精微，迈越前人，皆是当之无愧的律学大家。另从沈家本个人律学成长经历和他的律学作品来看，也明显带有承先启后之特征。即如其所汇辑编纂的律学巨著《刑案汇览三编》——据其序文交代，完全是在前辈学者祝庆祺、鲍书芸的同类律学作品感召下，尝试赓续前人未竟之事业，利用繁忙的刑部工作之余，聚沙成塔般从事刑部案牍的遴选抄写。此外，《唐律疏议》为研究古代法律之所必备，但长期缺少精良善本，颇不便于研习，很多刑官不过是简单传抄，以讹传讹者在所难免。是以，沈家本和张成勋、冯锺岱等人校勘重刻，不仅表明沈氏在从事个人律例研习之外尚存一番公心，更体现出他具有超迈前贤之学术勇气。至于薛允升空前庞大的系统化律学著述，历时数十年，参与者既广且众，远超此前任何一部律学作品，而在最终结成的律学成果《读例存疑》中，充满了薛允升及其同僚对于当朝法律的批判性意见，并提供了大量专业修律建议。因而，在多种意义上薛氏这部伟大的律学作品堪为继承既往刑部律学研习传统推陈出新的旷世之作，集中体现了晚清刑部律学研习活动的创造性贡献，且为将来朝廷重启修律工作进行了大量知识储备。

进而，我们有必要简单归纳一下晚清刑部律学研习活动的时代影响，似可将之归纳为以下四个方面。

其一，养成律学研究风气。虽然诚如沈家本所言，律例为专门之学，人多惮其繁难，尽管《大清律例》中规定官员有讲读律例、宣传普法的义务，事实上一般职官从事律学研究者并不多见。但一方面，在刑部任职者因为职守所关，必须加以肄习，方能应付实际需要；另一方面，客观上在沈家本所处时代，毕竟在薛允升、赵舒翘、陈惺驯、田我霖等人倡导下，在刑部内部形成了浓厚的律学研习氛围，甚至形成不同的律学流派，彼此既存在学术竞争，又长期互动关联。同样由于薛允升、沈家本等人出色组织和引领带动，刑部官员群体中自发组织进行律学研习者——如罗维垣、吉同钧、霍勤燨等，亦数见不鲜。此外，刑部职官自行研究律例之学，探求秋审司法规则，公开或私下在同僚间砥砺磋磨的事例，更是不胜枚举。是以，晚清刑部律学研习活动之所以成效显著，既得益于彼时刑部官员积极进取的律学研究风气；反过来，晚清刑部亦为律学研习风气之活跃，提供了丰饶的知识沃土和广阔的成长空间。

其二，培养和锻炼律学人才。晚清刑部——尤其在行政长官和杰出同僚组织引导下的律学研习活动，对于律学人才涵养培育之功自不待言。1902 年吉同钧在日记中对刑部长官组织的律例研习活动表示十分推崇，言道："夫考察司员，必须勤加面试，并令各作说帖，畅论公事呈览，则其律例之通否，才情之优绌，文笔之高下，心术之仁刻，既因面谈，悉其大概，再阅所作，不难洞见底蕴。"[43]可见，此种律例研习活动之影响约有两端：一、整饬官方，以提升刑部官僚法律专业素质；二、发扬学术，以激发刑部官员研习律例之风。然在人文色彩浓厚的晚清刑部，此类律学研习活动收效究竟如何，很大程度上取决于组织者是否具有足够的知识影响力、组织是否有效得当。据吉同钧言，晚清刑部面试律例之法，为刑部尚书刚毅所创，继任者赵舒翘则倾向通过考察律例说帖的方式，督促刑部官员加强律学研习。"当时政简刑清，人才蒸蒸日上，实由于此。二公……主持刑曹，清勤率属，其功究不可没"。其他后来者，则"既无二公之吏事娴熟，精力又不足副之，无怪敷衍塞责，徒以画到为考察"[44]，故收效有限。是以，此类律例研习活动之开展及其效果，与刑部官长的学识、能力甚至才情皆有很大关系。

其三，催生优秀律学作品。某种意义上看，晚清刑部的律学研习活动之所以大放异彩，根本上取决于两大因素：一、涌现出大批杰出的律学名家；二、诞生大量优秀的律学作品。晚清刑部中的律学名家，诸如薛允升、赵舒翘、陈惺驯、田我霖、沈家本、张成勋、冯锺岱、徐兆丰、吉同钧、罗维垣、陈浏、武玉润、史绪任等，不胜枚举，自不待言。至于晚清刑部律学名家的某些重量级作品，不仅在当时备受关注，直到今天仍具有极高学术价值。如薛允升的《读例存疑》《唐明律合编》《汉律辑存》《服制备考》，沈家本的《历代刑法考》《寄簃文存》《秋谳须知》《律例校勘记》等，早已成为近代中国法律史上的经典。再如曾在刑部担任律例馆提调十余年的黄恩彤（1801—1883），纂有104卷的《大清律例按语》，[45]备述清代律例演变之轨迹，成为今人研究清代律例条文演变的重要基础文献。此外，赵舒翘的《提牢备考》[46]、英瑞的《秋审类辑》、熙桢的《秋曹稿式》、吉同钧的《大清律例讲义》《新定秋审条款讲义》[47]、罗维垣的《官司出入人罪减除折算表》等律学著作，皆为研究晚清律学发展历史之必备。

此外，在晚清刑部律学研习活动中，满洲籍刑官十分值得注意。其中，以刚毅的经历最堪代表。刚毅（1837—1900），满洲镶蓝旗人，虽非科举出身，但从一名寂寂无闻的刑部文牍抄写员（笔帖式），逐渐晋升为江苏、广东两省巡抚，刑、兵、工、礼等部尚书，乃至在去世前成为军机大臣，参与机务，位极人臣。在律学方面，刚毅颇具造诣，先后刊有《秋谳辑要》《牧令须知》《审看拟式》《洗冤录义证》等多种著作。[48]总体而言，在彼时一些人眼中，刚毅俨然是满洲官员励志成功之典范、出类拔萃的律学名家。而其之所以能够成为出类拔萃的律学名家，除了受到薛允升等前辈学术影响外，与他平时花费大量时间研习《大清律例》很有关系。光绪七年（1881）觉罗宝廷（1840—1890）在一份建议朝廷整顿八旗人才的奏疏中指出："刚毅在部时，专心习例，从学甚多，及官外任，甚有政声，则习例之效也。"[49]由此可见，刚毅的律学成长离不开个人长期对于律例之学的刻苦研习，而其作为晚清满洲刑部官员的成功典范，仕途晋升之所以如此顺利，或许也离不开晚清满汉政治势力此消彼长的特殊背景。

---

43 吉同钧：《吉同钧东行日记》，载《近代史资料》第87号，中国社会科学出版社1996年版，第78—79页。

44 同上书，第79页。

45 黄恩彤：《大清律例按语》，道光二十七年海山仙馆刊本。

46 赵舒翘：《提牢备考》，光绪十一年（乙酉）刊本。

47 吉同钧：《大清律例讲义》，宣统二年石印本；《新定秋审条款讲义》，宣统三年石印本。

48 刚毅纂辑刊布的律学文献较多，且往往有多个版本，以下为部分著作的初刊信息：《秋谳辑要》（光绪十二年山西晋文书局）、《审看拟式》（光绪十三年晋阳课吏馆）、《晋政辑要》（光绪十四年晋阳课吏馆）、《牧令须知》（光绪十五年江苏书局）、《洗冤录义证》（光绪十七年江苏书局）。

49 宝廷：《请整顿八旗人才疏》（光绪八年），载《清经世文续编》卷十九，吏政四，清光绪石印本。

除刚毅外，在晚清刑部律学发展史中，著名的满洲籍刑官不在少数。诸如前述《秋审类辑》的作者、担任过大理院正卿的英瑞（正白旗），《秋曹稿式》的抄录者、曾经赴日考察法律的熙桢（1880—?，正白旗），在庚子事变中被联军处死的前刑部官员、时任直隶布政使廷雍（1853—1900，正红旗），为吉同钧律学名著《大清律例讲义》《审判要略》作序的提调官崇芳（1858—?，正黄旗），参与整理薛允升遗稿《读例存疑》的郎中齐普松武（1856—?，正白旗）、来秀（1868—1911，镶蓝旗）、恩开（1857—?，镶黄旗），以及法部尚书绍昌（1857—?，宗室正白旗）、廷杰（1840—1910，正白旗）、大理院正卿定成（1852—?，正黄旗），在晚清刑部（法部）中皆非泛泛之辈。他们不仅与薛允升、赵舒翘、沈家本、吉同钧等律学名家存在工作交集，关系密切，在律学研究方面，更是各具造诣，声名荦荦。遗憾的是，以往由于各种原因，这些出身满洲的刑部官员很少进入研究者视野。所以，在未来关于晚清刑部律学研习活动的叙述讨论中，一方面，尽管满汉相争的故事仍将继续，但应该讲得更细更透更实；另一方面，这些满洲籍刑官的律学研习活动及其律学成就，似更值得放在晚清律学的发展脉络中重新审视。

其四，储备和更新法律知识。此点又可分作两层：一方面，正如前述，在晚清刑部律学研习活动中，形成活跃的律学研习风气，培养锻炼众多律学人才，诞生大量优秀律学作品。经此三者，晚清律学在传统律学的固有轨辙上持续前进，不断进行着法律知识的更新创造。另一方面，特指薛允升作为传统律学的殿后人物、一代律学宗师，持续引领着晚清律学的研究薪向，极大提升了晚清律学的整体水平，更通过他所遗留的名著《读例存疑》，深刻影响了晚清最后十年的法律改革历史。

关于《读例存疑》对晚清法律改革的影响，未来有必要进行专题研究。目前我们至少掌握以下三方面直接证据：（1）1902 年沈家本甫被任命为修订法律大臣，便从《读例存疑》稿本中大量摘录相关修律意见，汇集成册，奉为"修例蓝本"。[50]及至 1906 年该书正式出版，沈在序文中更是公开宣称：未来中国的法律改革，"将奉此编为准绳"。[51]（2）光绪三十年（1904）修订法律馆开始运作不久，刑部官员何汝翰、俞炳辉、吉同钧、罗维垣等 8 人联名向修律大臣提出修律建议。其中言道：律例"各条内宜增宜减，宜归并剔除者，长安薛氏《读律（例）存疑》一书，已视缕言之，大可奉为依据"[52]。足征《读例存疑》对于晚清修律极具参考价值，而这绝非沈氏个人私见，实为刑部同僚所公认。（3）1910 年清政府颁布《大清现行刑律》，作为过渡刑法。该法律文本之撰拟，除沈家本担纲统领外，陕派律学后期代表人物吉同钧实际主持其事。揆诸日本东京大学东洋文化研究所现存两册《大清现行刑律》底稿，可见其不仅按语部分成段抄录《读例存疑》相关内容，而且新定例文亦带有明显薛氏印记。[53]同时我们知道，《大清现行刑律》的"现行律民事有效部分"一直沿用至 20 世纪末二十年代末、三十年代初中华民国民法典制定颁布之前，[54]故或可以说，《读例存疑》不仅直接滋养了晚清法律改革运动，成就了《大清现行刑律》，更持久影响了清末民初的中国法律历史。

---

50 沈家本：《律例校勘记》，卷首按语，载刘海年、韩延龙等整理：《沈家本未刻书集纂》，中国社会科学出版社 1996 年版，第 3 页。

51 沈家本：《读例存疑序》，《历代刑法考》附《寄簃文存》卷六，第 2222 页。

52 佚名：《清季修订法律奏稿及说帖抄件》，一册，不分卷，中国社会科学院法学研究所图书馆藏清末抄本，第 71—72 页。

53 修订法律馆：《大清现行刑律》稿本，日本东洋文化研究所仁井田文库藏，编号：仁井田文库-史-N2329（2），第 9—10 册。

54 参见段晓彦：《刑民之间——"现行律民事有效部分"研究》，中国法制出版社 2019 年版。

结语：难以走出的背景

在时间段限上，晚清刑部律学研习活动与以往律学研习活动的一个重要区别在于，晚清律学更加接近乃至直接影响了晚清法律改革的历史进程。这也是本文研究晚清刑部律学研习活动之最初动因。历来关于近代法律历史的研究者更多关注"趋新求变"一面，对于法律改革过程中的"保守传统"一面，往往缺乏关注，或动辄以落后、反动之类词语予以简单定性。平心而论，晚清法律改革过程中大量法政留洋学生回国报效，以及外国来华法律专家帮助中国起草新律，固然充当了一种法律革新的突破力量，但历史往往并非平面或线性发展，社会改革——尤其法律变革的目标更不会一蹴而就。因此，对于晚清律学在法律改革过程中的诸般表现，有必要给予观照，并进行重新检视。

首先，从晚清法律改革时期法律专业人员的构成上看，除了一些提前故去者（如薛允升、赵舒翘、陈惺驯、田我霖等人）外，还有相当多的旧刑部（法部）官员亲身参与了20世纪最初十年的法律改革运动。其中，历来最受关注者莫过于修律大臣沈家本，相关研究成果不可谓不多，但从逻辑与事实来看，与沈氏处于同一时代、著名或非著名的其他晚清律学专家也很值得关注。即如吉同钧，作为陕派律学的后期代表，不仅全程参与了晚清法律改革，更领衔制定了《大清现行刑律》，绝对称得上晚清法界的"骨干中坚"。其余如前述绍昌、英瑞、廷杰、定成等人，作为满洲籍律学名家，更是长期占据司法行政要津，在法律改革过程中发挥重要影响。虽然这些法律历史人物长期处于研究空白，但对于我们充分了解晚清法律改革历史的真相绝非意味着可有可无。

其次，从法律专业知识内容来看，晚清律学专家接受的是传统律学训练，日常司法活动中所熟悉的是例案结合式的传统司法，头脑中所秉持的更多是明刑弼教、刑期无刑等延续数千年的传统观念。同治、光绪之际，随着陕派律学大家薛允升异峰突起，不仅在刑部内部成就陕豫两大律学流派，更使众多刑部同僚追随学习，风行影从，在提升刑部整体律学水准同时，为传统律学平添了最后一抹辉煌。然在广泛的意义上，包括沈家本在内，参与晚清法律改革的绝大多数律学家都是薛允升的门徒，他们以不同形式不同程度承受传递着传统律学的规训和精神。这是一个享有共同专业法律知识的广泛的律学群体，虽然他们中绝大多数人认为法律改革是救亡图存、国家富强之必需，但随着晚清法律改革逐步走向深入，晚清律学家群体内部发生严重分裂。有的走向较为激进的改革道路，如以董康为代表的律学少壮，认为必须放弃一切旧有法律，全面代之以西方现代法律。有的在拥护法律改革同时，仍试图维系传统法律精华于不坠，如吉同钧[55]、唐烜[56]、廷杰[57]等人，一时之间被视作顽固守旧之代表。有的则依违于激进和保守之间（如沈家本），试图借助个人对于传统与现代、中国与西方法律精神之有限理解，用传统律学理论解释来自异域的法律新知，藉以实现变法救国的理想夙愿。

---

55 吉同钧的"顽固保守"在学界似乎早有定论，参见俞江：《倾听保守者的声音》，《读书》2002年第4期，第53—60页。

56 唐烜在个人诗集《虞渊集》中多次表达了对于民初法律乱象之反感，以及对于传统律学之眷恋。（唐烜：《虞渊集》，赵阳阳、马梅玉整理，凤凰出版社2017年版）

57 廷杰被时人认作已故尚书薛允升的出色门徒，但似乎对新律了解有限。参见《法部尚书但知大清律例》，《申报》庚戌二月初八日，第一章第五版。

对于晚清改革抑或保守各家各派之分歧，前人论述已多，本文所欲强调者，乃是基于我们前面对于晚清刑部律学研习活动之研究发现，认为有必要从微观法史的角度重新审视晚清律学专家在法律改革过程的诸般作为，尤其有必要清楚传统律学专业知识成果对于晚清法律改革的潜在影响。即如《妇女实发律例汇说》作为 1882—1883 年间刑部律学研习活动的重要成果，其中所涉及的成文法律问题，不仅先后得到赵舒翘、沈家本的记录整理、补充参订，更在法律改革过程中部分得以实施，不能不说这是传统律例之学给予晚清法律改革的一项隐形贡献。但是，对于这些业经删改的旧律条款，按照今天的法理又将如何解读？一个或许更为重要且根本的问题是：以《读例存疑》为代表的传统律学研习成果，何以在晚清法律改革过程中具有如此突出的知识影响力？答案或许在于这部传统律学著作相当准确地切中了传统成文法律的症结要害，同时以其对于中华传统社会关系之深刻理解，为 20 世纪中华法律的更新再造奠定了思想基础。

总之，晚清律学是法律改革运动一时之间难以走出的背景。晚清律学作为传统律学的重要组成部分，从形式到内容继承和延续了传统律学的品格风貌，更在客观上成为晚清法律改革运动最为切近的民族法律元素。通过晚清刑部的律学研习活动，不仅历练养成众多重量级法律专家，成就相当数量的崭新律学作品，更提升了传统律学专业知识水平，为晚清法律改革过程中新式法律的修纂起草提供了一定知识储备。如果说以往我们研究晚清法律改革历史，绕不开对于沈家本等法律改革派人物，那么欲求全面理解晚清法律改革时期各家各派或标新立异或顽固保守之主张及其分歧，对于晚清刑部通过律学研习活动中所凝成的传统法律之学，亦绝不容回避。即便对于修订法律大臣沈家本，似乎也有必要从其作为传统律学名家的身份进行重新认识。或许只有这样，我们才能更加充分理解 20 世纪以来中国法律现代化的深层逻辑，并发现其崭新的时代意义。

The Activities and Influences of the Legal Study by the Officials of the Ministry of Punishment in the Late Qing Dynasty

Sun Jiahong

Abstract: Under the guidance of the famous jurists, such as Xue Yongsheng, Zhao Shuqiao, Shen Jiaben, the activities of the legal study in the Ministry of Punishment of the late Qing Dynasty mainly contained written law and legal practice, as well as administrative assessment and academic research, which played a role of facilitating legal study and communication, training legal talents, which generally promoted the level of legal study in the late Qing Dynasty, and produced a number of excellent legal works, even formed some famous legal theory schools, consequently and intangibly influenced the movement of Chinese legal reform in the first decade of the 20th century. This article explores a specific event of legal study in the Ministry of Punishment between 1882 and 1883, tries to discuss the main forms, contents, characteristics and influences of legal study in the Ministry of Punishment in the late Qing Dynasty, wish to assist to rediscover the academic value of the law science of the late Qing Dynasty, to reflect the inner logic and contemporary significance of Chinese legal modernization of more than one hundred years.

Keywords: The Ministry of Punishment, Legal Study, Law Reform, Xue Yongsheng, Shen Jiaben

以出版实践催生现代法律教育体系

程　波*

摘　要： 关于东吴大学法律教育的研究目前已经积累了大量成果。在这些成果中，考察近代中国知识分子创立法律学校、法律学会、法学期刊和法律学术团体组织，以此为基础确认包括东吴大学的法学教授和培养的法科毕业生群体在社会中的影响力和历史地位，无疑都是重要的问题。但是，将诸如私立东吴大学法科教育中的一些有特色的且行之有效的做法，以及所取得的一些可圈可点成绩，与一个获得巨大成功的出版机构——商务印书馆建立联系，回答他们是如何通过法律专门的作者群和法律图书编辑出版发行后的读者群建立合作的课题，似乎还不多见。为了弥补这种不足，本文尝试从东吴法律人从事法律图书编辑出版的角度，做一点尝试，意图建构一个像类似东吴大学与商务印书馆这样的教育和出版机构，是如何在一个艰难的岁月成了法律学术和出版合作的范例，进而共同建立了以出版实践催生现代法律教育体系的相关性。

关键词： 法律教育　商务印书馆　东吴法学院

1915 年，私立东吴大学在上海开办"东吴法律专科"。自 20 世纪 20 年代开始，越来越多的东吴法科毕业生在社会上崭露头角，成为国内法律界著名人物。到 1929 年，经校政部会议通过杨永清校长的提议，以"养天地正气，法古今完人"作为中文校训，并与之前的英文校训 Unto a Full-Grown Man 相对应。东吴大学英文校训 Unto a Full-Grown Man，据说出自《圣经新约·以弗所书》（*Ephesians*）之第 4 章第 13 节，寓意为"教育成人"。这一校训的具体落实，既是盛振为在《十九年来之东吴法律教育》中所说，训育以校训"养天地正气，法古今完人"为主旨，"冀养成品学兼优之法学人才"，[1] 也是孙晓楼在其《法律教育》（1935 年）一书中提出的法律人才观："一定要有法律学问、法律知识和社会常识，三者具备。然后可称法律人才"。[2] 在孙晓楼看来，"办理法律教育，应当认清目标，怎样是法律人才，怎样的法律人才是中国社会所需要的，不要盲人瞎马，一味的提倡法律教育而不知法律教育的腐化，或一味的蔑视法律教育而不知法律教育的重要"。[3] 盛振为（第七届，1924 年）、孙晓楼（第十届，1927 年）皆是东吴法科自己培养的法律人才中在社会上崭露头角的佼佼者。接下来，笔者以东吴学子徐百齐（第十二届，1929 年）和他们移译的《比较法律哲学》为本文的写作缘起，聚焦徐百齐和他们在商务印书馆的出版事业，进而对东吴法律学人与商务印书馆的法律图书出版事业作一个鸟瞰式的叙述，以此为进路，而意在说明，东吴法科毕业同学之法学作品和他们从事的编、译出版事业，也是中国近现代

---

*　程波，湘潭大学信用风险管理学院教授，法学博士生导师。

1　盛振为：《十九年来之东吴法律教育》，载孙晓楼：《法律教育》，中国政法大学出版社 2004 年版，第 185 页。

2　孙晓楼：《法律教育》，中国政法大学出版社 2004 年版，第 9 页。

3　同上。

法律人的培养之道。

一、缘起：东吴学子和他们移译的《比较法律哲学》

《比较法律哲学》（1903 年增订三版）原著者为意大利学者、上议院议员密拉格利亚（Luigi Miralia，1846—1903）。原著为意大利文，美国人莱尔（John Lisle）将该书译为英文，并纳入美国"近代法律哲学丛书"出版。1937 年，上海商务印书馆组织朱敏章、徐百齐、吴泽炎、吴鹏飞据莱尔的英译本移译，《比较法律哲学》（1—5 册）作为商务印书馆汉译世界名著"万有文库"正式出版。1940 年，《比较法律哲学》（汉译世界名著丛书）在长沙商务印书馆分上、中、下三册再次出版。2005 年，李秀清教授依据商务印书馆 1940 年初版，重新勘校，作为中国近代法学译丛中的一种，由中国政法大学出版社出版。

本文之所以从东吴学子和他们移译的《比较法律哲学》开始，主要的原因是，在商务印书馆出品的《比较法律哲学》原译者的译序中，笔者通过徐百齐———一位东吴法科毕业生，了解到他的法律人生，从早期的丰富多样，到中年的跌宕起伏，再晚年的噤若寒蝉，处处透露着时代的印迹，甚为传奇，甚为精彩。在他的身上，正如霍姆斯说法律如同一面魔镜一样，不仅反映出我们自己的生活，而且反映出曾经存在过的所有人的生活！在写于 1937 年 2 月的《比较法律哲学》译序中，徐百齐既交待本书为什么会有四个译者的原由，也提到替英译本写序的科库累克对原著者公允的议论："以宽大同情的理解，及显著的公正的态度……即他是近代化的维科。"[4]正是从这一译序的文字中，让我有了用东吴法律教育的眼光去看待本文论题的冲动。于是也就有"缘起""聚焦"和"鸟瞰"等三个部分的写作。

笔者首先注意到，1929 年东吴大学法科毕业时，徐百齐的籍贯信息是松江亭林镇人，亭林镇属于现在上海的金山区。金山区原为金山县，建于清雍正四年（1726 年），设县治于金山卫城，隶松江府。乾隆二十四年（1759 年）县治迁至朱泾镇。之后，经多次县域和隶属变动，至 1949 年新中国成立后，金山县隶属江苏省。1958 年 11 月，由江苏省划归上海市管辖，县城坐落于朱泾镇。网上查上海《金山县续志》之人物传记一栏，有徐百齐（1902—1980）如下信息：

> 徐百齐（1902—1980），亭林人。7 岁入亭林文义初等小学，后易名公立松江县第五高等小学读书。百齐为首届、成绩第一名毕业，因家贫，无力升学，进上海马敦和帽庄当学徒。马敦和专制时式瓜皮帽，生意兴隆，为沪上名店。百齐待店关门已精疲力竭，但为读书，振作精神去隔壁一家书店帮助整理书架，求得书读。店主爱其苦读求知，少年有志，便让百齐弃商升学，助其学资。十年苦读，百齐获东吴大学优等毕业文凭和法学士学位证书。不久被选为公费留美生，手续办妥，行装备齐，启程有期，念母不忍儿远离，放弃良机。后领得律师执照，准在上海挂牌当律师，其母却以替人包打官司，以曲为直伤阴德，是恶讼师，教儿积德，不作孽事。百齐不忍拂逆，曲从母意。友人问百齐何不解释，这是为民众保障合法权益，他说："解释不如遵命。"乡里友人后得知，百齐出生之日，值逢父亡后"五七"之期，母徐氏噙泪"坐月子"。因之故，为孝子。徐百齐在中央研究院社会科学研究所任研究员时，从事翻译工作。译文忠实原著而译笔畅达，得商务印务馆总经理王云五赏识，

4　徐百齐："译序"（《比较法律哲学》）。

聘为高级职员。曾编著《法律》一书，畅销全国。抗战胜利后，国民政府还都南京，王云五以无党派人士、社会贤达身份出任行政院长，组成"缓冲内阁"时，百齐任行政院主任秘书。王改任财政部长，百齐随之任财政部主任秘书。时经济面临崩溃，物价一日数跳，"法币"几成废纸。1948年币制改革，百齐涉"金圆券"泄密案被拘审，后经查证无罪释放。此后，百齐又步入翻译工作。是上海市卢湾区政协第三至五届委员。[5]

上述有关徐百齐的介绍中，笔者认为有如下几点与东吴法律教育相关，值得引述。

一是徐百齐弃商升学的故事。与"昔时同学清贫居多，皆勤学刻苦"（唐鸣时）的许多东吴法科学子一样，徐百齐的"十年苦读""获东吴大学优等毕业文凭和法学士学位证书"，这也是他同时代许多人在东吴法科求学路上的真实写照。例如，唐鸣时（第九届，1926年），1921年时是杭州之江大学二年级时，就考入上海商务印书馆工作，获得之江大学三年正科毕业后，又考入上海东吴大学法科夜校学习，半工半读，靠修满学分毕业，前后花了八年时间。与唐鸣时同届的梁鋆立（第九届，1926年），先就读于上海南洋大学，并于上海曙光大学夜间部补习法文，先后就任上海中华书局英文及商务印书馆法律与文学书籍，1926上海东吴大学法科毕业。又如，鄂森（第十一届，1928年），1922年考入上海沪江大学，读完预科又转入东吴大学法科毕业，大约也用了六年。正如孙晓楼所说："当时投考大学的资格，不一定要中学毕业。凡有相当程度的，都得受试。但是东吴的招生标准比当时这一要求要高。"以上这些与徐百齐"十年苦读"的经历略同的描述，从侧面印证了孙晓楼在其《法律教育》第11、12章的讨论。在孙晓楼看来，当时私立东吴大学法科的法律教育，限制学生人数是为了"选择人才"和"集中训练"，提高入学资格才是"整顿法律学校"的方法。夜校是适应社会需要，但应延长年限提高入学程度。"且夜校学生能在五年或六年内能在切切实实修满学分，可以准许他毕业授予法学士学位"。

二是放弃公费留学和律师职业。民国时期法律学校的法律教育，如果培养的学生能考上公费留学并获得诸如东吴大学法科每科不低于70分的成绩，毕业后可以政府颁发的律师牌照，这两样皆是当时法律教育成功的谈资和法律学校办学的声誉。例如，与徐百齐同届毕业的费青（第十二届，1929年），在东吴法科读书时，就和徐百齐一样以学生身份在《法学季刊》上发表论文（徐百齐只有一篇而费青有两篇），对此事，陈夏红先生甚至用"这是何等的荣耀"来赞誉费青。东吴法科毕业后不久，他们两人都取得律师资格，先后都曾在上海执业过。费青是边执教边准备留学考试，徐百齐则先于费青考上公费留学但又放弃深造的机会。费青在1934年留美考试成功后，说服清华大学同意他前往德国留学，回国后还一度回东吴母校执教。在时人看来，费青的成才轨迹是取得法律教育成绩的最佳诠释。但是，相较于徐百齐"念母不忍儿远离，放弃良机"，又因"不忍拂逆，曲从母意"而放弃律师职业，确实有些为时人所不理解的地方。但是联想当年袁世凯曾问取得民国律师第一号证书的曹汝霖，你"何必做律师，律师不是等于以前的讼师吗"？曹汝霖回答说："律师与讼师，绝对不同，律师根据法律，保障人权，讼师则歪曲事实，于中取利。"曹汝霖是清末官费派到日本留学的高才生，他基于自己的理解，将讼师与律师的作用划清界限，其解读未必准确，但是毕竟反映了当时对讼师的普遍认识，也代表当时律师从业者的自我职业定位。以此也可以理解为什么徐百齐的"解释不如遵命"。这也是他日后去商务当编辑的主

5　https：//www.shtong.gov.cn/difangzhi-front/book/detailNew?oneId=1&bookId=224032&parentNodeId=224661&nodeId=373971&type=-1.

要原因。但是，如果从孙晓楼 1935 年关于《法律教育》的论述来看，笔者认为，徐百齐的选择仍是符合"法律人才之普遍化"[6]的教育理念的。

三是《比较法律哲学》的另外三个译者的信息。《比较法律哲学》一书原是商务印书馆托朱敏章先生移译的，后因事未能续译。于是译书的任务就转交给了已经在商务印书馆工作的徐百齐，时间大约是在 1936 年。吴泽炎（1913—1995），1934 年毕业于上海大夏大学社会历史系，同年考入商务印书馆编审部，任助理编译员。也曾有法学译著《国际公法的将来》在重庆和上海商务印书馆（百科小丛书）出版。鉴于上述两人与东吴法科教育的相关性不大，故就此不述。《比较法律哲学》的第四个译者吴鹏飞，浙江余姚人，复旦大学文学士，亦曾在东吴大学法科学习，与徐百齐同为东吴法科校友。徐百齐与吴鹏飞在商务印书馆还有许多合作，一是他俩合作出版过《兵役》（1937 年，1938 年第三版）[7]、《袖珍六法汇编》（批注要旨）等图书，二是为徐百齐曾为自己主编的"实用法律丛书"而向吴鹏飞约稿，后来吴鹏飞于 1936 年在商务印书馆出版的《法院组织法》，正是约稿之作，徐百齐高兴之余还专门为吴氏这本书写了一个短序。除吴鹏飞外，徐百齐还与东吴法科校友郑竞毅（第 13 届，1930 年）一起合作过，例如，商务印书馆出版的《战时适用法规概要》（1937 年）一书，就是他俩合作署名发表的。从法律教育的角度上，严格的质量把关使得东吴法科学子，毕业后在社会上口碑甚好，大受欢迎，这样反过来又吸引了大批有志青年前来求学。在 1935 年东吴法学院 622 名毕业生的职业分析中，时任教员 72 人，法官 31 人，律师 268 人，政界 58 人，商界 56 人，海关 3 人，邮局 9 人，编译 15 人，教会 2 人，留学 28 人，其他 61 人，已故 19 人。[8]这些东吴法科当年引以为豪的统计，我想一定也有正在商务印书馆干编译出版工作的徐百齐。

二、聚焦：东吴学子和他们出版的实用法律丛书

相对于与王云五在商务印书馆有过诸多合作的民国法律人，如唐鸣时、周鲠生、陶希圣等人，徐百齐在商务印书馆与王云五可能是合作时间最长、执行力最强，出版法律类图书最多的一个。

1934 年 1 月，王云五宣布商务印书馆自该年起，每日出版新书一种，改为每日至少出新书一种类，多则二三种。这一年，商务印书馆"万有文库"第 2 集 2 000 册发行，最后销售 6 000 册。至 1936 年底，商务印书馆总资产达 1 800 万元，接近 1932 年"一·二八"被日军炸毁之前。1932 年 8 月，商务复业后短短的几年间，出版物近 5 000 种，占据了全国市场半壁江山，创造了中国出版史上新的奇迹，直到 1937 年"八·一三"上海沦陷。如此巨大的出版工程，没有骨干力量去执行，恐怕也是不行的。正因为如此，东吴法科学子徐百齐在这一阶段的表现，可能深得王云五的欣赏。这也可以说明，抗战胜利后，国民政府还都南京，王云五以无党派人士，社会贤达身份出任行政院长，组成"缓冲内阁"时，徐百齐任行政院主任秘书。王云五改任财政部长后，徐百齐又得以任财政部主任秘书的主要原因。

6　孙晓楼：《法律教育》，中国政法大学出版社 2004 年版，第 10 页。

7　徐百齐、吴鹏飞编著：《兵役》，商务印书馆 1937 年 12 月出版，1938 年 3 月再版，约 9 万字。分为 27 个专题。作者依据中华民国时期兵役法、兵役法施行暂行条例、国民兵役服役实施规则等相关法律法规，编撰而成。

8　《东吴大学法律学院一览（1935 年秋—1936 年夏）》，苏州大学档案馆藏，档号 3-155（永），第 87—88 页。

为配合这一时期"为国难而牺牲，为文化而奋斗"的王云五的出版大业，徐百齐依照1936年商务印书馆辑印本的分类标准与卷帙，分为十卷出版了《中华民国法规大全》（商务印书馆1936版），这套资料涵括1936年10月以前国民政府中央机关所颁行的法规，分宪法、民诉、刑法、刑诉、官制官规、行政（内政、外交侨务、军政、财政、实业、教育、交通）、立法、司法、考试、监督、党务等内容。这也是清末以来，中国社会从传统向近代转型，法治化是其主要标志。这些历史文献，全面展示了中国近代国家立法的过程，是了解中国近代法律不可或缺的基础资料。

除此以外，徐百齐还具体负责出版了由王云五和他自己任主编的《实用法律丛书》20种。限于篇幅，本文这里只提供这套丛书中的20种书目信息，并附一张于1935年6月出版的书刊广告一页。至于真正意义上的聚焦东吴学子的出版内容介绍，此处暂且不表。

中华民国训政时期约法/阮毅成编著；王云五，徐百齐主编. —初版. —上海：商务印书馆，1935.10；83页；19 cm. —（实用法律丛书）

保险法/孔涤庵编著；王云五，徐百齐主编. —上海：商务印书馆，1936.1；80页；19 cm. —（实用法律丛书）

商标法/王叔明编著；王云五，徐百齐主编. —初版. —上海：商务印书馆，1936.2；138页；19 cm. —（实用法律丛书）

公司登记规则/潘序伦著；王云五主编. —初版. —上海：商务印书馆，1936.2；163页；19 cm. —（实用法律丛书）

破产法/陶亚东著；王云五，徐百齐主编. —初版. —上海：商务印书馆，1935.12；177页；19 cm. —（实用法律丛书）

票据法/胡养蒙著；王云五，徐百齐主编. —初版. —上海：商务印书馆，1936. 2；192 页；19 cm. —（实用法律丛书）

海商法/王孝通编著；王云五，徐百齐主编. —初版. —上海：商务印书馆，1935.10；100 页；19 cm. —（实用法律丛书）

公司法/王效文著；王云五，徐百齐主编. —初版. —上海：商务，1936.1；193 页；19 cm. —（实用法律丛书）

土地法/陈顾远著；王云五，徐百齐主编. —初版. —上海：商务印书馆，1935.12；347 页；19 cm. —（实用法律丛书）

民法物权/柯凌汉著. —初版. —上海：商务印书馆，1935.10；249 页；19 cm. —（实用法律丛书）

民法债（上册）/周新民编著. —上海：商务印书馆，1936 年，265 页；19 cm. —（实用法律丛书）

民法继承/徐百齐著. —初版. —上海：上海商务印书局，1935.12；222 页；19 cm. —（实用法律丛书）

民法亲属/陶汇曾著；王云五，徐百齐主编. —初版. —上海：商务印书馆，1936.3；124 页；19 cm. —（实用法律丛书）

民事诉讼强制执行法/查良鉴编辑；王云五，徐百齐主编. —初版. —上海：商务印书馆，1936.1；112 页；19 cm. —（实用法律丛书）

法院组织法/梁仁傑编著；王云五，徐百齐主编. —初版. —上海：商务印书馆，1936.4；76 页；19 cm. —（实用法律丛书）

民法债（上、下册）/周新民编著；王云五，徐百齐主编. —初版. —上海：商务印书馆，1936。—（实用法律丛书）

民法物权/柯凌汉编著，商务印书馆；王云五，徐百齐主编. —初版. —上海：商务印书馆，1935。—（实用法律丛书）

民事诉讼法（上、下册）/郭杏邨编著；王云五，徐百齐主编. —初版. —上海：商务印书馆，1936。—（实用法律丛书）

刑法（上、下册）/徐石松编著；王云五，徐百齐主编. —初版. —上海：商务印书馆，1936。—（实用法律丛书）

违警罚法/ 丘汉平；王云五，徐百齐主编. —初版. —上海：商务印书馆，1935。—（实用法律丛书）

三、鸟瞰：东吴法律学人与商务印书馆的法律图书出版事业

讨论东吴法律学人与商务印书馆的法律图书出版事业，还是要从王云五（1888—1979，广东香山人）说起。

1921 年 4 月，高梦旦来到北京，数次造访早年也曾在东吴大学预科担任过教授的胡适先生。高梦旦的造访，是希望胡适辞去北京大学的事，到商务印书馆去办编辑部。对此事的重要性，胡适也是承认的，他说："得着一个商务印书馆，比得着什么学校更重要。"但是，胡适本人并没有

以出版实践催生现代法律教育体系

答应高梦旦去做商务印书馆的眼睛，原因并不是胡适看不起商务印书馆的工作，而是担心他自己干不了这件事。用胡适的原话是："一个支配几千万儿童的知识思想的机关，当然比北京大学重要得多了。"不过，这一年暑假，胡适还是应邀南下，在上海商务印书馆住了四十五天，天天跑到商务印书馆编译所去。后来，胡适经过考察后的结论是："我始终承认我的性情和训练都不配做这件事，我很诚恳辞谢了高先生。"但同时，胡适又向高梦旦推荐了他早年的老师王云五先生，并且介绍他和馆中各位老前辈相见。在今天或从传播学角度上看，胡适关于商务比北大更有影响的判断仍是对的。王建辉先生曾撰文说北京大学与商务印书馆是"中国现代学术文化的双子星座"[9]，借这一双子星座的比喻，在南京国民政府成立后，地处上海的东吴大学和上海商务印务馆同样"构成了中国学术文化的一道景观"——"以出版实践催生了中国现代法律教育体系"。笔者认为，此言应不虚也。

1921 年 9 月，王云五进入商务，并受到重用。当年 12 月，王云五继任高梦旦的商务印书馆编译所所长职。他上任后抓的第一件事，是调整编译所机构，同时聘请国内专家学者，充实和主持新设的各部，"从而使商务增加了许多双眼睛。能了解各学科的发展情况"[10]第二件事，就是直接狠抓出版规划。特别是扩充出书门类，编印各科入门的小丛书。例如，东吴法科毕业生唐鸣时编的《法权恢复运动》，就是商务《新时代民众丛书》的一种。1935 年，东吴法科第十二届毕业生徐百齐与丘瑾璋，根据科尔（G.D.H. Cole）英译本《社会契约论》翻译的《社约论》中译本，亦编入商务印书馆"万有文库"第二集出版。

上海商务印书馆在王云五主持之后，在法律图书的出版方面，努力寻求法学知识界和法律实务界的支持，其中，地处上海的东吴大学法科学生对于商务印书馆的支持是很有力的。例如，东吴大学第八届法学士钱江春，第九届法学士梁鋆立和唐鸣时，第十届的桂裕和第十二届法学士徐百齐等，都在商务印书馆工作过。唐鸣时，浙江嘉善人，杭州之江大学毕业后，入上海商务印书馆编译所工作，同时又入上海东吴大学法科夜校学习，法科毕业后，在上海挂牌当律师。梁鋆立就读于上海南洋大学，并于上海曙光大学夜间部补习法文时，先后就任上海中华书局英文及商务印书馆法律与文学书籍部。桂裕是唐鸣时在商务编译所英文部的同事，在商务工作期间，也考上东吴法科预备班，以成绩优异升入正科毕业，是东吴法科第十届法学士。

唐鸣时初进商务那年是 1921 年，已经在杭州之江大学刚读满二年（当时大学五年制，二年作一结束，发给初级大学 Junior College 毕业证书），分配的工作是分批翻译少年百科全书 *Book of Knowledge*（后由钱江春整编出版）。后又回之江大学读毕三年正科毕业。唐鸣时在上海商务印书馆编译所工作七年（1921—1929），其间于 1926 年，修满学分，毕业于东吴大学法科。早唐鸣时于东吴法科毕业一年的钱江春[11]此时仍在商务，力劝欲提前到沪就业的唐鸣时，并告诉了商务名宿高梦旦先生，"（高）梦老很觉诧异，嘱江春邀我去晤谈。这一次长谈恳至情切，论学问，谈做人，处处为我开导设计，爱护备至，甚于父兄，梦老说话虽福建乡音很重，但我以敬佩的心情，仔细倾听似无隔阂。最后，我决定进编译所工作"[12]当时，上海商务印书馆编译所所长王云五对

9　王建辉：《中国现代学术文化的双子星座——北京大学与商务印书馆》，《北京大学学报》（哲学社会科学版）1999 年第2 期。

10　叶再生著：《中国近现代出版通史》（2），华文出版社 2002 年版，第 339—340 页。

11　钱江春，江苏松江人，东吴大学法科第八届法学士。

12　唐鸣时：《我在商务印书馆编译所的七年》，载商务印书馆：《馆史资料》，第 16 期。

· 51 ·

唐鸣时比较赏识，唐鸣时也很快成为上海商务印书馆著名的编辑，并于 1928 年编辑出版过法律图书《法权恢复运动》。据唐鸣时《我在商务印书馆编译所的七年》（载商务印书馆：《馆史资料》第 16 期）一文回忆，王云五曾介绍唐鸣时会见一位美国人叫索克志（George Sokolaky），计划编写一本英文《世界通史》，责任唐鸣时负责接洽，具体工作是每页作中文脚注，每章要加插图，这本书陆续来稿，陆续付排。之后，唐鸣时还完成了王云五所长交来美国驻沪商务参赞安诺德（Julion Arnold）一篇文章，译成中文。后来，这篇中英对照的文章，附了几幅地图，由胡适作序，印刷成书，名为《中国问题里的几个问题》。

徐百齐进商务亦与王云五有关。在商务印书馆任职八年后，或许是由于压力使然，王云五于 1929 年 11 月坚决请辞编译所所长，转而任职于中央研究院社会科学研究所，担任专任研究员，兼任法制组主任。这一年，正是徐百齐作为东吴法科第十二届毕业生的那一年。在东吴法科毕业后，徐百齐曾在中央研究院社会科学研究所任研究员，从事翻译工作，这可能是他与王云五最早的工作上的交集。王云五脱离商务印书馆才 4 个月，由于商务印书馆总经理鲍咸昌的突然去世，王云五又于 1930 年回到商务，担任总经理之职，在去而复返的这段时间内，王云五完成了一次6 个月的跨国旅行，对日本、欧洲和美国的出版活动进行了调查。[13]这一期间，徐百齐在上海准备留学美国的考试，并与袁仰安等同学一样，在上海做过一段律师。从时间上看，徐百齐正式进商务印书馆应该是 1932 年 8 月商务复业之后，这一点可以从徐百齐 1935 年在商务印书馆与人合译出版《社约论》和《托尔斯泰自白》等作品，并结合前述《金山县续志》之徐百齐小传中说，"（徐百齐）译文忠实原著而译笔畅达，得商务印务馆总经理王云五赏识，聘为高级职员"来判断，徐百齐入职商务最迟的时间，大约应该是盛振为写《十九年来之东吴法律教育》的那一年——1934 年。

如果再以徐百齐从东吴法科毕业到进入商务成为高级职员的 1934 年为参照，我们前后再各推十年，那么可以这样说，一方面，从东吴大学法科走出来的法学教授和法律学者，日益成为商务最重要的思想库和作者群；另一方面，商务印书馆成为东吴大学法学教育最有力的学术后援。例如，盛振为在《十九年来东吴法律教育》一文中，附有两个表格，分别列举了本校毕业同学对于法律教育之贡献。其中之一就是毕业同学的法学作品。在其列举的 42 部（包括 2 本正在编辑的书）法学作品中，由商务印书馆出版的图书就有 8 部。从内容和形式上看，有 6 部法学作品中，英文本占了 3 部半（参见表 1）。

表 1

书　　名	著作者	中文或英文	出版者
英律摘要	张云	中英合编	上海：商务印书馆
法学论丛	吴经熊	英文本	上海：商务印书馆
商法	陈霆锐	英文本	上海：商务印书馆
社会法理学论略	陆鼎揆	中文本	上海：商务印书馆
国际公法	梁鋆立	英文本	上海：商务印书馆
法学通论	丘汉平	中文本	上海：商务印书馆

13　王建辉：《文化的商务——王云五专题研究》，商务印书馆 2000 年版，第 48—73 页。

书　　名	著作者	中文或英文	出版者
俄国现代史	查良鑑	中文本	上海：商务印书馆
最近中日问题	桂中枢	英文本	上海：商务印书馆

第一，从盛振为写这篇文章并附表格说明的时间上看，表1的统计范围应是在1934年前的情况。在当时信息传递和交流并不畅通的情况下，其所列的统计表格中，遗漏的可能性是较大的。例如，前述唐鸣时1928年就曾在商务印书馆出版了《法权恢复运动》一书，却未能统计在内。

第二，在《十九年来东吴法律教育》一文中，盛振为从法科教育办学方针的高度指出"教授选任以专门学识为标准"。他说："夫学校之优良，端在办事者之热心，亦在教授之得人；本校聘请教授，素以专门学识为要件。"其中，就提及担任罗马法的应时教授。而应时与陈允合著的《罗马法》，已于1931年在上海商务印书馆出版，也未有统计在内。

第三，据不完全的统计，自从徐百齐成为商务印书馆高级职员后，东吴法科毕业同学之法学作品，在1935年至1945年期间，仅仅是在商务印书馆出版的法律类图书，事实上，数量也着实不小。下列表2可以为证。

表2

书　　名	著作者	版本信息	出版者
法律通论	丘汉平	1935年（新时代法律丛书）	上海：商务印书馆
法律大辞典（附补编）	郑竞毅、彭时编	1936年1月初版，1936年5月第3版，3册2339页+598页有图表，25开，精装	上海：商务印书馆
中华民国法规大全	徐百齐编	1937年再版	上海：商务印书馆
法律专册	徐百齐编	1937年8月初版，1303页+38页，32开，精装	上海：商务印书馆
兵役	徐百齐、吴鹏飞编著	1937年12月版，1938年3月再版	上海：商务印书馆
法院组织法	吴鹏飞编著	1936年7月初版，159页，32开	上海：商务印书馆
领事裁判权问题	孙晓楼、赵颐年编著	（1）1936年9月初版2册（290页），36开（万有文库第2集132种）（2）1937年3月初版，290页，32开（现代问题丛书）	上海：商务印书馆
中国制宪史	吴经熊、黄公觉	1937年1月初版	上海：商务印书馆
民法总则注释	张正学、曹杰注释	1937年5月初版，1947年11月第5版，1948年8月第6版	上海：商务印书馆
强制执行法释义（上、下册）	郑竞毅编著	1937年3月初版，2册（555页），32开	上海：商务印书馆
《历代刑法志》（上、下册）	丘汉平编著	1938年7月初版，2册642页，23开	长沙：商务印书馆
中国行政法总论	马君硕	1947年9月初版	上海：商务印书馆
新违警法释义	林振镛	1945年1月初版	重庆：商务印书馆

第四，表2仅仅是不完全列举东吴法科毕业同学在商务印书馆出版的法律类图书。并没有包括东吴法科毕业同学在其他出版社大量出版的法学作品，也未有包括在商务印书出版的翻译类法律作

品，如上海商务《万有文库》先后出版的岑德彰译的《国际法典》、徐砥平译的《公法的变迁》、查良鑑译的《犯罪学及刑罚学》、许桂庭译的《实证犯罪学》等，也没有包括前述由王云五、徐百齐主编的 20 种《法律实用小丛书》中的东吴法科毕业同学之法学作品。那些在表 2 中没有出现但事实上当时已经出版的东吴法科同学之法学作品，同样是促进现代法律教育体系的一个重要组成部分。

除此之外，我们在讨论东吴法律学人与商务印书馆的法律图书出版事业之时，还不得不讨论王云五的"大学丛书"出版计划和该丛书的出版事业。1932 年 8 月商务总馆复业甫两月，王云五便宣布原定之"大学丛书"计划仍继续进行，并将组织编写"大学丛书"列入"复兴编辑计划"，并在 10 月开始将此项拟议付诸实施。王云五很重视这套丛书，为了确保这套丛书具有较高的质量和水平，商务印书馆致函国内有关专家阐述其编辑出版的宗旨，组织成立了大学丛书编辑委员会，并亲自拟定《商务印书馆大学丛书委员会章程》。大学丛书编辑委员会由丁文江、胡适、冯友兰等各学科专家 55 人组成，大学丛书出版时各书均列委员会全体委员姓名在封内。委员会负责拟订大学丛书全目、推荐译著者和审查丛书书稿三项任务。各科各类皆有专家，对于审查书稿可各按专长担任，由此保证了大学教材应有的水平，也保证了出版水平。在王云五的这个出版事业中，东吴大学同样做出了"以出版实践催生现代法律教育体系"的卓越贡献。例如：

第一，1932 年，在商务印书馆厘定 55 人作为"大学丛书"的审稿人中，其中，37 人为当时各大学校长，而东吴大学法学教授吴经熊与吴泽霖、孙贵定、冯友兰、刘秉麟等人则是作为学科代表人物入选。

第二，陈允和应时（曾任东吴大学罗马法教授）所著《罗马法》就是由吴经熊审查通过后出版的。

第三，为确保"大学丛书"书目的严谨性，1933 年 4 月，王云五再一次将调整以后的《大学丛书目录》寄送给各委员，除了再次征得各委员的改进意见外，商务印书馆还将此书目印发一定数量寄给其他学者，或刊发于报纸杂志上，征求社会各界的意见，寻求各界专家的积极反馈。1926 年毕业于东吴大学曾入职商务印书馆，1930 年获得美国华盛顿大学法学博士学位，旋即入哈佛法科的梁鋆立，于 1933 年回国，任行政院参事，并在上海东吴大学法科兼课。正是这位东吴法科毕业的梁鋆立，对商务印书馆于 6 月印发的《大学丛书书目》提出质疑，撰写了《对于商务印书馆大学丛书目录中法律及政治部分之商榷》一文。该文在首肯该套丛书对我国高等教育和学术独立的巨大价值的基础上，指出在法律及政治部分"大学丛书"宜首先明确名著和教科书的区别，并以系统简明的教科书为主，高深的名著暂不列入，才更符合当时国内学生的实际学习水平；并对政治及法律部分的书目提出了些许建议，例如其认为高深的《条约论》及讲述琐碎手续的《外交程式》都没有在大学讲授的必要，应该从丛书书目中移除。王云五对此函做出了积极的回应，对所选书目及未选书目都进行了认真的分析和探讨。[14]

第四，据殷啸虎教授主编整理华东政法大学图书馆藏法律旧籍提要（民国部分）一书即《红楼疏影》（北京大学出版社 2007 年版）和北京图书馆编的《民国时期总书目》（1911—1949）（书目文献出版社 1990 年版）等图书，仅从笔者下列不完全列举商务印书馆出版的法律类"大学丛书"目录的信息中，可知东吴法科毕业的同学之法学作品也不在少数。此亦可证明"以出版实践催生现代法律教育体系"，东吴法律学人同样作出了可贵的贡献。参见表 3。

14　参见王云五：《王云五先生来函》，载《图书评论》，1933 年第 2 (3) 期，第 128 页。

表3

作者	书名	出版者	馆藏本年份（主要是《红楼疏影》所指的图书馆）	版本补遗（主要据《民国时期总书目》）	作者与东吴大学的关系	信息补充
程树德	《九朝律考》	上海：商务印书馆	1925年第1版，1935年国难后第2版	1934 大学丛书本第1版2册（524页），21开		
陈顾远	《中国法制史》	上海：商务印书馆	1934年初版	1934年9月初版，370页，23开，精装		
陈允，应时	《罗马法》	上海：商务印书馆	1931年初版，1933年国难后第1版	1933年9月国难后第1版384页，24开，精装	应时曾任教于东吴大学	
王世杰	《比较宪法》	上海：商务印书馆	1927年初版，1933年国难后第1版	1933年5月国难后第2版849页，23开，精装		
王世杰，钱端升	《比较宪法》	上海：商务印书馆	1936年初版	1935年12月国难后第4版796页，23开，精装		
[英]戴雪	《英宪精义》	上海：商务印书馆	1935年版			译者雷宾南
吴尚鹰	《土地问题与土地法》	上海：商务印书馆	1935年初版		本书是吴尚鹰在上海东吴大学讲学时编纂的	吴尚鹰负责了1930年土地法的起草工作
胡长清	《中国民法总论》（上、下册）	上海：商务印书馆	1934年版			
曹杰	《中国民法物权论》	上海：商务印书馆	1934年版	上海商务印书馆1937年8月初版，376页，24开，精、平装	作者系东吴大学教授	
黄右昌	《民法诠解——物权编》（上、下册）	重庆：商务印书馆 上海：商务印书馆	1945年版 1947年第3版	馆藏本是第3版		据著者在东吴大学法学院的讲稿增补而成
胡长清	《中国民法债编总论》（上、下册）	上海：商务印书馆	1935年版，1946年第5版[15]	馆藏本是1946年版		

15 据北京图书馆编《民国时期总书目》（1911—1949）补充。

续表

作者	书名	出版者	馆藏本年份（主要是《红楼疏影》所指的图书馆）	版本补遗（主要据《民国时期总书目》）	作者与东吴大学的关系	信息补充
胡长清	《中国民法亲属论》（上、下册）	上海：商务印书馆	1936 年版，1947 年第 4 版	1936 年 9 月初版，1947 年第 4 版 406 页，有图解，23 开		
范扬16	《继承论要义》	上海：商务印书馆	1935 年版	1935 年 5 月版，218 页，24 开，精装	《东吴法学文丛》将其列为东吴法学先贤	
胡长清	《中国民法继承论》	上海：商务印书馆	1936 年版	1936 年 7 月初版，283 页，23 开，精装		
王孝通	《商事法要论》	上海：商务印书馆	1934 年版，1937 年第 4 版，1948 年修订第 8 版	馆藏本为 1948 年版		
刘朗泉	《中国商事法》	上海：商务印书馆	1937 年版	编著（上、下册）1937 年 7 月初版，2 册（581 页），25 开，南开大学经济研究所丛书	作者系东吴大学第 15 届法学士17	本书是作者在天津南开大学讲授商法的讲义修改而成
唐纪翔	《中国国际私法论》	上海：商务印书馆	1930 年版	1934 年列为大学丛书出版	作者长期在北平各大学讲授国际私法课程	
范扬编著	《行政法总论》	上海：商务印书馆	1935 年 8 月初版	1936 年 10 月再版，376 页，24 开，精装	《东吴法学文丛》将其列为东吴法学先贤	

16 范扬（1899—1962），金华市金东区塘雅镇溪干村人。1916 年赴日本留学，先后在预备学校、东京高等学校、东京都第三高等学校、东京帝国大学文学院哲学科、法学院法律科毕业。民国 17 年（1928），范扬毕业于日本东京大学法律科，悉心研究法律为己任。后又从教于南京中央大学、中山大学、安徽大学，为法律系教授。胡玉鸿："东吴法学先贤文录总序"，以到校任职先后为序，范扬列为东吴大学教授的倒数第二位。但笔者对范扬与东吴大学的关系存疑。

17 据侯欣一《刘朗泉与〈中国商事法〉》一文考证：刘朗泉，1908 年生于杭州，祖籍福建福州。1925 年北上天津入南开大学读书。1928 年其父失业，刘朗泉学业难以为继，被迫休学回上海工作，养家糊口。工作之余他再次考入东吴大学读法科，三年后毕业，被南开大学聘为教师。《中国商事法》教材出版不久，全民族抗战爆发，南开校园毁于日军炮火。刘朗泉携家辗转南下，回到江浙。先后在南京金陵女大、沪江大学、东吴法学院等院校教书。1995 年去世。参见《深圳特区报》2018 年 7 月 17 日。但笔者认为刘朗泉与东吴大学的关系存疑。

小　结

关于东吴大学法律教育的研究目前已经积累了大量成果。在这些成果中，考察近代中国知识分子创立法律学校、法律学会、法学期刊和法律学术团体组织，以此为基础确认包括东吴大学法科的法学教授和培养的法科毕业生群体在社会中的影响力和历史地位，无疑都是重要的问题。但是，将诸如私立东吴大学法科教育中的一些有特色且行之有效的做法，以及所取得的一些可圈可点成绩，与一个获得巨大成功的出版机构——商务印书馆建立联系，回答他们是如何通过法律专门的作者群和法律图书编辑出版发行后的读者群建立合作的课题，似乎还不多见。为了弥补这种不足，本文尝试从东吴法律人从事法律图书编辑出版的角度，做了如上一点尝试，意图建构一个像类似东吴大学与商务印书馆这样的教育和出版机构，是如何在一个艰难的岁月成了学术和出版合作的范例，进而共同建立了以出版实践催生现代法律教育体系的相关性。但笔者目前的这种研究仍是表面的，深入的研究尚未真正触及。

不过在民国时期，私立东吴大学主动寻求与商务印书馆的合作，笔者认为以下是一个实际的例子。这个例子其实是1931年，私立东吴大学致张元济的一封信函。内容如下：

> 谨启者，本年为母校诞生后三十周年纪念之期，同人等际此盛典而有三十周纪念特刊之辑。其目的在发扬母校已往三十年之精神，即所以绸缪母校未来三十年之发展，是以本刊之编辑类侧重于三十年来母校各种事业进行之经过，校友在社会之贡献，与平校友对母校未来之种种希望。是乃同人等编辑本刊之方针。素稔先生鸿才硕望，学贯中外，而关怀母校又无微不至，爰请本上列诸要旨而广抒高见，惠锡鸿文，以光此帙，不胜荣幸之至。文以千七百字为限，能于六月十五日前惠寄敝会，尤为感盼。专此奉。敬请菊生先生赐鉴。
>
> 东吴三十周纪念特刊委员会谨启
>
> 张元济批注：病未复元，忙于校勘史籍，不克应命。20/5/2复[18]

从张元济的回复看，两种机构的高层互动似乎尚未启动。但本文却期待通过讲述几个东吴大学法科毕业生的小故事，建立起法律教育与商务印书馆的合作关系：法学科研工作和法律实用的知识普及得到了出版的便利，而商务的出品也获得了法学权威学者的支持。这一段历史给中国现代法律人的培养之道的启示还在于：当今的法律教育界、学术界和出版界应该更自觉地互为依托通过这种相互的合作与支持，对中国当代法律教育和学术文化各自做出更大的贡献。

Modern Legal Education System Facilitated by Publication Business

Cheng Bo

Abstract：There are a lot of achievements about the legal education of Soochow University Law School in the Republican period, among which the establishment, the law societies, the law journals and the law students are undoubtably important. However, it is rare to study the relationship between the

---

18　《张元济全集·书信》（第3卷），商务印书馆2007年版，第622页。

achievements of Soochow University Law School and a very successful publication organization Commercial Press. The article tries to explore how Soochow University Law School and Commercial Press were cooperated in the hard times.

Keywords：Legal Education, Commercial Press, Soochow University Law School

"朝阳遗珠"：民国私立重庆正阳法学院建制考

康　黎[*]

摘　要： 抗战胜利后，原南迁的朝阳学院复员北上，而此刻应西南籍学生请求，朝阳学院留下部分师生，于1946年春成立了朝阳学院分院即重庆朝阳学院，以江庸为董事长，居正、夏勤为正副院长。后碍于教育部政令，学校名称在立案时定名为私立重庆正阳法学院。虽"名异而实同"，正阳法学院在办学期间一直秉承朝阳精神，提倡思想自由。在动荡的时局下，校方克服重重困难，努力潜心办学，在机构设置、师资延聘、学生培养、系科建设、规章厘定、校舍修筑、学生就业等方面都倾心竭力，为国家培养出了一批爱国进步、坚守法治的正阳毕业生。正阳法学院的高质量办学，吸引了当时西南地区乃至全国各地不少青年学子来投，在校学生规模一度逾千人，致使其成为民国教育界西南后方一颗璀璨的朝阳遗珠。重庆正阳法学院也因此得以与北平朝阳学院"南北辉映"，演绎出我国近代法律教育史上一段鲜为人知的难忘"乐章"。

关键词： 朝阳大学　正阳法学院　正阳法商学院　重庆　办学

一、朝阳分校：正阳法学院的设立缘起

朝阳大学自民国初年创办以来，蓬勃发展，与东吴大学一道成为民国法律教育界的翘楚，赢得了"南东吴，北朝阳"乃至"无朝（阳）不成（法）院"的美誉。由于建校地处北平朝阳门海运仓旧址，同时寄望青年学子能如旭日东升之朝阳，故学校名曰"朝阳大学"。1937年7月，"七·七"事变发生，7月29日北平沦陷，朝阳大学被迫南迁，初至湖北沙市，继而辗转成都，最后又迁往重庆巴县兴隆场及歇马场的连升湾。

1945年，随着抗日战争胜利结束，战时迁川的朝阳学院复员北上。此刻，"西南同学因感经济困难，无力随校出川。一般中学毕业的同学又有无校就读的苦闷，同时抗战的胜利就是建设的开始，一般人都渴望着法治的建立"。于是，"朝阳、东吴、之江等三校西南籍同学请求朝阳董事长江庸先生筹办朝阳分校（即重庆朝阳学院）"。[1]

在朝阳分校的筹建中，杜岷英是实际操办人并发挥了重要作用。杜岷英，别名协华，四川南充人，清光绪二十五年（1899年）生，民国大律师。据杜氏回忆说：

（重庆朝阳学院）其成立之原因，缘于抗战结束，政府还都，各机关学校相继复员，对

---

[*] 康黎，西南交通大学法学系副教授、法学博士。本文为作者主持的2019年国家社会科学基金后期资助一般项目《江庸先生年谱》（批准号：19FFXB054）的阶段性成果。

[1] 《正阳学院法律系一九五〇级同学录》，1950年自印本，第5页。

于西南文化不无影响，而学生中因经济或他种关系，不能东下或北上入学者为数亦众；觉老院长（指居正，字觉生）及敬师副院长（指夏勤，字敬民）每引以为忧，继时适有东吴夜校，及朝阳等学生联呈觉老请求救济，并托余代彼等开说，余遂进而向觉老及敬师陈请，荷蒙嘉纳，此即假定以林森路三十号黉学为院址，于三十四年十二月十一日北平朝阳开校董会时，承觉敬两老约同张冕、萧弨、赖健君三先生列席：计到孔庸之、江翊云、王亮畴、邓海滨、谢冠生、洪陆东诸先生。由余请求在渝设立分院，会后敬师逐请觉老条请萧弨、张冕、赖健君、刘登厚与余为筹备员，而以余为召集人。余明知虑始艰难，惟因希望心切，竟欣然受命。[2]

后来果如杜氏所料，重庆朝阳分校的筹设工作十分艰辛。首先，选定的校址，其房屋与土地皆为重庆巴县政府产权，时被国民党政府卫戍总部军法处占用。学校筹备处只得一面向巴县有关士绅接洽承租，一面向卫戍部接洽迁让，谈判进程较为缓慢。其次，筹备会议进展不顺，众筹备员意见分歧，实难协调。再次，办学经费渺无着落，"巧妇难为无米之炊"。但即便面临如此困境，朝阳分校的创办者们也从未想过放弃。杜岷英事后感叹道，"因觉老敬师精诚感召，使余信心不坠，继续奔走，并获友好协助，终得以成"。[3]

经朝阳校董会决议，重庆朝阳分校以江庸为董事长，居正、夏勤为正副院长，陶惟能为教务长，赖健君为总务长，萧弨为训导长，觅定重庆林森路黉学为校址。[4]

1946 年 3 月 24 日，朝阳分校对外开考招生，第一批招收了法律系甲乙两班，当时报考者竟达 2400 余人之多，最后仅录取 200 余人。[5]同年 4 月 29 日，学校即正式行课。可是，当时校舍尚未完全落实，学校"仅接收大殿一座与侧面办公室两间"。校方只得一边办学，一边就校舍问题与卫戍总部军法处协调，"嗣承王总司令恩威兼施，卒将军法处员司次第他调，乃得次第接受，次第修整；综计筹备时间三月有余，共耗去七十余万元"。[6]此后，受前司法行政部委托，重庆朝阳学院又加办书记、会计、监狱三门专修科。[7]

好不容易学校立定，可居正院长与夏勤副院长又相继因公返回了北平，无法在校视事，朝阳分校便暂由杜岷英代行院务。后杜岷英感于"责重事繁"，遂与学校各长协商，组建了包括杜岷英、陶惟能、赖健君、萧弨、张冕、易世珍、刘登厚在内的七人校务委员会，以为校务决策机构，"一切悉依会议决定，事件重大者，报由院长核示"。[8]学校始得顺利运转。

关于重庆朝阳分校的创办意义，该校总务长、国大代表赖健君认为"得时地之宜"。他指出：

渝市偏处长江上游，原为西北商埠，抗战军兴，际会风云，顿成民族复兴根据地，不特为政治军事之重镇，亦教育文化之中心。十年以来，文物荟萃，文化逐渐提高，学术空气于

2　杜岷英：《本院成立经过及将来之计划》，载校庆纪念会编辑委员会编：《正阳法学院二周年纪念专刊》，1947 年印行本，第 23 页。

3　同上。

4　同上。

5　《正阳学院法律系一九五〇级同学录》，1950 年自印本，第 5 页。

6　杜岷英：《本院成立经过及将来之计划》，载校庆纪念会编辑委员会编：《正阳法学院二周年纪念专刊》，1947 年印行本，第 23 页。

7　《正阳学院法律系一九五〇级同学录》，1950 年自印本，第 5 页。

8　杜岷英：《本院成立经过及将来之计划》，载校庆纪念会编辑委员会编：《正阳法学院二周年纪念专刊》，1947 年印行本，第 23 页。

焉养成。及今遍地烽烟，中原鼎沸，较为安定者，偏数西南，而适于求学者，当让四川；本院设于渝市，可谓得时地之宜。且各校复员以后，西南高等学府无多，本院应时兴起，正可补其缺陷，前途发展，实未可量。[9]

二、"名异而实同"：正阳法学院的朝阳精神

1946 年冬，赖健君委员开国大代表会赴京，请示居正院长，拟将朝阳分校在重庆教育局立案，虽"迭经奔走交涉"，但"终以学制所限"，政府当局未予批准设立分校，故学校必予更名。最后，经校董会决议，重庆朝阳学院更名为正阳法学院，并得到重庆市教育局和教育部核准。[10]

虽然在政府部门立案时，原拟校名重庆朝阳学院被迫更名为正阳法学院，"朝阳"二字不再使用，但学校退而求其次，用心良苦地议定下了"正阳"的新名，旨在寓意两所学校间那割不断的血脉联系，也同样期许两校都能像太阳一样发光发热。居正院长在正阳法学院成立两周年时的祝词中特别强调了正阳法学院与朝阳大学在历史上的一脉相承，并许以未来共同发展的美好愿景：

> 我们这新生的正阳学院，与北平朝阳学院，有如幼弟长兄，具着最密切的渊源联系。已具有三十多年光辉灿烂历史的朝阳学院，在事前为这甫及两周（年）的正阳学院已竭力协助。将来必更能相互提携，精诚合作，瞻望前途无限欣慰。希望我们正阳的全体同人，要自强不息，努力迈进，庶使朝阳正阳，南北媲美，并驾齐驱。[11]

校庆两周年发布的《校史纪略》也强调指出，"渝校与平校名义分立，而精神则始终联系，永矢不移也"。[12]

正阳法学院的发展确如此言，在以下方面皆呈现出了原朝阳大学的精神风貌。

（一）组织构造

因创办人皆出自朝阳大学，故而，正阳法学院在组织构造上较大程度地借鉴移植了原朝阳大学的架构体系。据教育部 1948 年底编成的《第二次中国教育年鉴》统计，正阳法学院的机构组织大略如下：[13]

1. 行政组织

该院设院长一人，于院长下置教务、训导、总务三处，院长室及会计室二室。

2. 院系科数

正阳法学院设有法律、经济二系及会计专修科，法律系计设九班，经济系一班，会计专修科一班，共十一班。

3. 员生人数

该院三十六学年度第一学期有教员三十九人，职员三十八人，学生计法律系六百四十五人，

9　赖健君：《校庆献词》，载校庆纪念会编辑委员会编：《正阳法学院二周年纪念专刊》，1947 年印行本，第 21 页。

10　《校史纪略》，载校庆纪念会编辑委员会编：《正阳法学院二周年纪念专刊》，1947 年印行本，第 25 页。

11　居正：《正阳法学院校庆祝词》，载校庆纪念会编辑委员会编：《正阳法学院二周年纪念专刊》，1947 年印行本，第 8 页。

12　《校史纪略》，载校庆纪念会编辑委员会编：《正阳法学院二周年纪念专刊》，1947 年印行本，第 25 页。

13　教育部教育年鉴编纂委员会编：《第二次中国教育年鉴》，商务印书馆 1948 年版，总第 744 页。

经济系八十一人，会计专修科五十七人，共计七百八十三人。

4. 图书设备

该院现共有图书 15 230 册。

（二）正阳校训

学院以"研究高深学术，养成法学专门人才"为宗旨，[14]遵循这一理念，居正院长取《尚书·舜典》中"濬哲文明"一语四字，作为正阳法学院的校训，如居院长所言，"所以期许来学者，至大且远"。[15]他在纪念正阳法学院校庆二周年时还专门题词阐释校训曰：

> 一曰濬，夙夜浚明狂作圣。譬如掘井须及泉，又如治水毋违性。汲深缲短惧弗胜，显微阐幽寻究竟。淘沙拣金出夜光，入海求珠探径寸，愚公诚格可移山，大禹功成能继舜。资深左右则逢源，勖尔诸生宜受训。

> 一曰哲，聪明濬智非庸劣。六度万行重般若，五典三物崇达德。闻一知十罔若愚，七十三千参也得。博学笃志穷未来，切问近思寻理则。修齐治平在格致，黄老庄玄别杨墨。知行合一实知难，毋矜小慧毋妄说。

> 一曰文，天地人才不可分。章生尽美需锦绣，华国最上是典坟。由博而约鸣和乐，阁中肆外广今闻。简疏揣摩法乎上，切磋瑟僴合其群。雕龙词倒三峡水，倚马笔扫千人军。沁人心脾脍炙口，化成天下庶民欣。

> 一曰明，日月丽天四时行。容光必照了无际，通达一切自然精。破除昏阁资慧炬，涤荡瑕秽现冰清。鉴空衡平勤恤隐，象刑弼教允孚情。百世以俟而不惑，黄离得中享利贞。大学之道第一义，顾諟悬书座右铭。[16]

（三）杰出师资

为了保持这块民国初年成立的老牌法律大学的声誉，正阳法学院聘有许多杰出知名教授，"有的不但是名教授，而且是具有进步思想的教授，对学生的进步思想影响较大"。[17]1947 年 4 月 28 日的一份统计材料表明，当时正阳法学院共有教员 26 人，其中专任教师 15 人（其中教授 11 人，讲师 4 人），兼任教师 11 人，兼任教师均为当地实务部门的专家能手，具体师资情况如下表：[18]

私立正阳法学院专任教授讲师名录

姓名（职称）	籍 贯	学 历	担任学科
陶惟能（教授）	四川云阳	日本明治大学法学士	民法总则、债编总则
萧弨（教授）	四川奉节	日本明治大学法学士	商法
何鲁（教授）	四川广安	法国里昂大学硕士	科学概论、数学

---

14 《私立正阳法学院组织规程》，重庆市档案馆藏，档案号：00650003008190000017000。

15 居正：《校训题词》，载校庆纪念会编辑委员会编：《正阳法学院二周年纪念专刊》，1947 年印行本，第 8 页。

16 同上。

17 程更生：《重庆正阳学院简况》，载熊先觉、徐葵主编：《法学摇篮：朝阳大学》，北京燕山出版社 1997 年版，第 60 页。

18 《关于审核私立正阳法学院开办章表的呈、训令、代电附院长及职员履历表》，重庆市档案馆藏，档案号：00650003008190000028000。

续表

姓名（职称）	籍　贯	学　历	担任学科
李安（教授）	江西宁都	美国科伦比亚大学硕士	经济学
刘法成（教授）	山西榆次	美国班歌大学文学士	英文
黎文渊（教授）	四川拱县	法国巴黎大学公法博士	宪法、国际公法、社会学
商承祚（教授）	广东番禺	北京大学研究所	国文、文字学
秦孟实（教授）	四川酆都	北京大学毕业	英文
易世珍（教授）	湖南湘乡	北京朝阳大学毕业	刑法总则、行政法
张圣庄（教授）	湖北江陵	美国欧海渥大学史学博士、德国莱比锡大学哲学博士	中国通史、世界通史
张名振（教授）	四川长寿	日本法政学堂	不详
杨定寰（讲师）	四川万县	日本明治大学研究院	刑事特别法
李懋宣（讲师）	西康淮安	不详	刑法总论
刘健真（讲师）	成都	不详	论理学
林金和（讲师）	天津	不详	法学绪论

兼任教师名录（部分）

姓　名	籍　贯	学　历	职　务	兼任学科
龙天植	湖北蒲圻	湖北公立法律专科学校及北京司法讲习所毕业	四川高等法院第一分院院长	刑事诉讼
雷彬章	湖北蒲圻	湖北公立法政专门学校毕业	重庆地方法院院长	刑法分则
周开庆	四川江津	北京师范大学毕业	重庆行辕民事处副处长	三民主义
刘伯泉	四川开县	不详	不详	亲属继承
冯藏珍	河北清河	北平朝阳学院	不详	不详

从以上师资可以看出，正阳法学院的教师除不少系毕业于北京大学、朝阳大学等国内知名院校外，还有一批留学法国、德国、美国、日本的海外归国人才。1947年秋，学校增设经济系时，还聘请当时国内著名经济学家陈豹隐先生为系主任。[19]可见，正阳法学院如同当年朝阳大学一样非常重视师资建设，这无疑保证了学校的教学质量。

三、困难重重：正阳法学院的曲折前行

正阳法学院生逢乱世，故从设立之初就不断遭遇重重困难。第一，办学场所局促。其"院址不过三百余方，校舍多系旧式宫殿修葺而成，占地甚广，以致课堂与运动场杂处一隅，有碍讲授，学生寄宿舍亦系向外承租而来，难期永住"[20]。这种局促的校园环境较大程度地限制了学校的发展。第二，办学资金不足。正阳法学院作为私立学校，本无政府拨款，有限的校董会基金只

19　《正阳学院法律系一九五〇级同学录》，1950年自印本，第5页。

20　杜岷英：《本院成立经过及将来之计划》，载校庆纪念会编辑委员会编：《正阳法学院二周年纪念专刊》，1947年印行本，第23—24页。

能被挪作建设费用,"值此生活日高,物价飞涨,预算不能确立,所收校费,顾应维持经常开支;而建设购置以及多聘专任教授,提高教职员待遇,动需若干亿元,充实基金,似不容缓"。[21]第三,奖学金制度缺失。"私立学校收费较高,困学之士,率皆清寒,以是优秀贫苦学生,每多裹足不前,若不筹措大量奖学金,以备应用,不特难以奖励清寒,亦属无由培植优秀,确立此制,尚需努力"。[22]第四,派送毕业学生留学国外经费无着。学校毕业年级不乏优秀之士,"为求继往开来,似应就每年毕业学生中选择二三名,资助其出国留学,是不仅为国家培育人才,亦所以为本院延续生机"。[23]可是,学校在这方面缺乏专项经费保障。

针对于此,校方在不同时期积极采取各种有力措施,克服重重困难,使学校不断曲折前行。

(一)扩建新校区

1949 年秋,正阳法学院为应对社会人才需求,"增添商学院,设合管会统两系",学校也因此更名为"正阳法商学院"。此时,"同学达一千四百余人,黉学地址再无法容纳"。[24]为了保证新学期能够顺利如期开学,学校决定扩建新址。时任学校教务长的易世珍于当年九月九日专门就此问题致信居正院长曰:

> 新觅定之马鞍山房屋正积极布置,因该处建筑甚佳,不便改造,另于体育场旁添造可容二百人之教室两间,预定两周完成,以资应用。拟将法律系三四年级两班(约三百余人),迁往新校舍作为第二院,设主任、组员、女生管理员共三人,由彤云兄及生轮流前往照料,其余经济、会统、合管三系及法律系一二年级学生(约七百余人)仍在校本部。[25]

(二)健全奖学金制度

为奖励人才及救济清寒学生,正阳法学院于 1948 年第 2 学期实施了《私立正阳法学院优秀清寒学生奖助金核发办法》,规定奖助金名额以占在院学生总额 10% 为原则,其中 80% 的比例奖励优秀学生,20% 的比例补助清寒学生,并将奖助金分为三种:甲种奖助金(给与一学期全部学费),乙种奖助金(补助一学期学费二分之一)和丙种奖助金(补助一学期学费三分之一)。此初衷甚好,但鉴于"1949 年暑假以后,因国民经济愈趋恶劣,本院旧生以书面请求奖助金者截至目前为止,将达五百人,核其所呈内容,多属困苦清贫,证件亦人人皆有,实属无法核定"[26],彼时已改名的私立正阳法商学院不得不作出及时调整,废弃原奖助金办法,新订《私立正阳法商学院第三十八学年度第一学期奖学金核发办法》,规定新学期奖学金拟完全依照上学期即 1948 年第 2 学期学生的学业、操行两种成绩标准分发,不再也无法考虑学生家境情况。[27]

---

21 杜岷英:《本院成立经过及将来之计划》,载校庆纪念会编辑委员会编:《正阳法学院二周年纪念专刊》,1947 年印行本,第 24 页。

22 同上。

23 同上。

24 《正阳学院法律系一九五〇级同学录》,1950 年自印本,第 5 页。

25 《易世珍就正阳法学院迁校马鞍山新址事宜致居正函》,南京中国近代史遗址博物馆藏。

26 《关于制定正阳法商学院一九四九年第一学期奖学金核发办法上重庆市教育局的代电》,重庆市档案馆藏,档案号:00650003008190000023000。

27 同上。

（三）筹设校友会

为了营造学校文化，加强毕业校友与母校的联系，利用校友力量促进学校发展，正阳法学院时期便筹设校友会，印制同学录，发行校友通讯，院长居正还亲自为校友会题匾。成立后的正阳法学院校友会为母校办了不少好事，例如，在帮助毕业生就业方面，学院 1949 年毕业生中，通过校友会"向各方接洽获得职业者十余人"[28]。当然，鉴于"时局紧张，工商业极不景气之时，校友会力量有限，未能彻底解决毕业同学之职业问题"，邱祖申专门致信居正，请求其"函示校方就助教职员中尽量容纳一部分同学，再请赐函司法行政部张部长，设法派用"[29]。

（四）招收寄读生

正阳法学院自开办以来，从最初的主要吸纳西南籍学生，到后来从全国各地招生，生源遍及了吉林、北京、河北、山西、山东、河南、湖南、湖北、广东、广西、江苏、浙江、安徽、福建等多省市，[30]逐渐成为一所具有全国性影响的法科学校。基于正阳法学院良好的办学声誉，甚至一些原本就读于北平朝阳学院和东吴大学的学生，以西南、中南籍的高年级学生为主，为了减少求学的远途奔波，纷纷通过申请寄读的方式转入正阳法学院以完成未竟学业，并最终获得毕业证明。重庆市档案馆收藏的以下两份《私立正阳法学院寄读学生临时毕业证明书》即证明了这一情况：[31]

（一）

查学生夏正泽，系湖北省汉口市人，现年二十二岁，曾以北平朝阳学校司法组学系四年级第一学期资格入本院法律系四年级第二学期，寄读一学期，并参加毕业考试，成绩及格，特为证明。

此证

院长　居正

中华民国三十八年七月　日

（二）

查学生罗振华系四川省綦江县人，现年二十八岁，曾以东吴大学校法律学系三年级第二学期资格入本院法律系四年级第一学期，寄读二学期，并参加毕业考试，成绩及格，特为证明。

此证

院长　居正

中华民国三十八年十二月　日

可见，在当时那个动荡的年代，正阳法学院积极招收寄读生之举无疑彰显出了学校的开放和

28　《邱祖申就正阳法学院成立校友会事宜致居正函》，南京中国近代史遗址博物馆藏。

29　同上。

30　详见《重庆市正阳学院一九四九年度第一学期学生名册》，重庆市档案馆藏，档案号：0065000500096000001000；《私立正阳学院法律系第四班毕业学生名册》，重庆市档案馆藏，档案号：01250004000010000001。

31　《私立正阳法学院寄读学生临时毕业证明书》，重庆市档案馆藏，档案号：01250004000030000002。

包容。这也体现出了朝阳大学的精神传承。

四、一波三折："朝阳遗珠"重放光芒

（一）护校风波

随着国民党反动统治的愈发不得人心，正阳法学院师生逐渐与中国共产党靠拢，暗中配合中国共产党第二野战军完成了《关于私立正阳法商学院历史及现状的调查研究报告》，并选举成立了"应变委员会"，时刻准备保护学校免遭敌人撤退时的破坏。由于学校位于重庆市中区繁华路段林森路，和敌人在西南的最高军政宪特领导机关——国民党西南长官公署相距不远，所以该署二处的侦查特务频繁出没于学校校园及周边。"为了防范学院精华不致毁于敌特之手，院应变委员会经紧急研究后决定：放弃黉学巷学生宿舍的防守，将全校所有男女生都集中到位于林森路的院本部驻守，紧闭学校铁门，分班轮流站岗放哨，严禁外人入校，要求大家不惜一切与学校共存亡。院长江庸在北平不能到院视事，院长秘书杜岷英代行院长职权也搬到院本部来住，和留校的数百名师生员工同吃同住在一起"。[32]

校园内弥漫的进步思潮和校园外学生掀起的爱国运动，使正阳法学院成为当时重庆地区大中院校反抗国民党统治的先锋阵地。为了报复解恨，1949 年 11 月 30 日晨 7 时许，在渝的国民党军队撤离重庆市区前夕，派遣一队特务闯入私立正阳法商学院，以所谓抓捕共产党员的名义，企图屠杀学院师生，破坏整个学校。面对敌人疯狂的威胁和恐吓，代院长杜岷英和院应变委员会主任委员栗凤驰同学临危不惧，率领大家沉着应敌，最终挫败了敌人阴谋，保全了学校和师生。[33]

（二）院系调整

1949 年 11 月 30 日中午 12 时许，"正阳学院的欢迎队伍在储奇门至望龙门一线迎接到了刚过江的解放大军"。这一天，重庆宣告解放，随即成立了中国人民解放军重庆市军事管制委员会，对整个山城进行接管。为了安定重庆全市的企业学校，军管会决定，"对企业生产部门及学校，应宣布照常到职办公，按着原来工作秩序继续服务"，"对学校除需更改名称者外，仍称原名"，[34] 对教职员工"应明确宣布他们仍是原职原薪"[35]。在中国共产党和人民解放军的这种优待政策之下，正阳法商学院几乎未受大的影响，很快师生复课，国民党六法全书的旧法教育被叫停，全院师生首先进行社会主义思想改造，并按照市政府教育局的要求着手对课程进行改进。[36] 从笔者查到的下面这份正阳学院 1950 年春季学期法律系学生成绩单，可以看到此时学校已开设了"新民主主义论""政治经济学""历史唯物论""政策法令"等多门新课。

---

32 彭兴：《重庆正阳法商学院险遭灭顶之灾》，载朝阳大学校友会编：《朝阳校友通讯》第 10 期（纪念老校长江庸特辑），2007 年自印本，第 173 页。

33 同上书，第 174—176 页。

34 张霖之：《关于接管城市的报告》（1949 年 11 月 3 日），载中共重庆市委党史研究室编：《城市的接管与社会改造：重庆卷》，西南师范大学出版社 1995 年版，第 72 页。

35 同上书，第 73 页。

36 参见《中共重庆市委关于今后工作的决定》（1949 年 12 月 31 日），载中共重庆市委党史研究室编：《城市的接管与社会改造：重庆卷》，西南师范大学出版社 1995 年版，第 42 页。

1950 年 7 月 27 日，西南军政委员会在重庆成立。1951 年 10 月，西南军政委员会文教部下令，正阳法商学院与中国公学、相辉学院合并为重庆财经学院。1952 年 4 月，为了迎接即将到来的全国大规模的经济建设和文化建设，有目的、有计划的培养建设人才，西南局决定对西南区内的高等学校进行院系调整；同年 5 月，正阳法商学院随同重庆财经学院调入西南人民革命大学。1953 年，西南人民革命大学原正阳法商学院的法律系师生转入新成立的西南政法学院（今西南政法大学），而原正阳法商学院的经济系师生则作为西南人民革命大学三处最终并入到了新组建的四川财经学院（今西南财经大学）。至此，作为"朝阳遗珠"的正阳法学院这块金字招牌便不复存在，但它留下的师生尤其是宝贵的朝阳精神却以另一种方式在新中国重放光芒，并为新中国的法律教育发展奠定了历史基础。

The Heritage of Chaoyang: The History of Chongqing Zhengyang Law School in the Republican Period

Kang Li

Abstract: After the success of the war against Japanese aggression, Chaoyang College returned back to Peiping, but some professors and students remained in Chongqing and established the Chongqing branch of Chaoyang College. Its president was Jiangyong, and vice presidents were Juzheng, Xiaqin. It was renamed to Chongqing Zhengyang Law School. Although its name is different from Chaoyang, Zhengyang Law School insisted on Chaoyang's spirit and freedom of thinking. Zhengyang Law School, in the unstable period, overcame many difficulties, made much progress in the organization of the legal education, and trained a number of patriotic law graduates. Zhengyang Law School attracted thousands of young students especially in the Southeaster area. Chongqing Zhengyang Law School in the south, echoed with Peiping Chaoyang College in the north, and made an unforgettable melody in Chinese modern legal history.

Keywords: Chaoyang University (Chaoyang College), Zhengyang Law School, Zhengyang Law and Business College, Chongqing, Education

法律史的底稿：周枏、陈盛清亲笔自传考述

王　伟[*]

摘　要： 将周枏、陈盛清两位先生的自传底稿与《中国现代社会科学家大辞典》一书中的词条相对照，可以发现，二老自传底稿中的很多重要信息未能公诸于众，甚为可惜。本文特将周枏、陈盛清二老的学术自传底稿进行整理和研究，以还原二老对于自己生平学术事业的回顾与总结。从内容上看，二老的自传底稿在一定程度上具有不可替代性。

关键词： 法律史　周枏　陈盛清　罗马法　全国外国法制史研究会

前　言

法学名家周枏先生（1908—2004）与陈盛清先生（1910—2009）均为江苏溧阳人，德高望重，学术精深，是全国外国法制史研究会的元老、奠基人，前者担任过全国外国法制史研究会顾问，后者是全国外国法制史研究会第一、二、三届会长，他们是法律史学人的楷模。余生也晚，未能亲聆二老教诲，然而机缘巧合，数年前有幸获得二老亲笔填写的《中国现代社会科学家大辞典》征稿表，拜读再三，受益匪浅。二老填写的征稿表，实际上就是二老的学术自传。这两份征稿表部分内容被收录到1994年出版的《中国现代社会科学家大辞典》。[1]

20世纪90年代初期，互联网尚处于初级阶段，电脑还是新鲜事物，学者对于各种人名录、大辞典的邀请，往往郑重其事，亲自撰写，一丝不苟。遗憾的是，学者亲自撰写的底稿，经过编辑校对、出版社审核之后，最后的出版物不一定能够反映学者自传底稿的全貌，学者费尽心思撰写的底稿甚至被改动得支离破碎，面目全非。笔者对照周枏、陈盛清二老的自传底稿与《中国现代社会科学家大辞典》一书中的词条，发现大辞典存在多处删改的情况，底稿中有些重要信息被无故省略，未能公诸于众，甚为可惜。笔者特将周枏、陈盛清二老的学术自传底稿进行整理，与已出版的《中国现代社会学家大辞典》有关词条逐一对照，以期还原二老对于自己生平学术事业的回顾与总结，在一定程度上弥补学术史的缺憾，以历史底稿还原历史原貌。

一、周枏先生的学术自传底稿

周枏先生生前留下一篇《我与罗马法》，被收录到徐国栋教授主编的《罗马法与现代民法》

---

[*]　王伟，复旦大学法学院教授。该文初稿曾经在2022年11月全国外国法制史研究会第35届年会上宣读，有部分改动和调整。

[1]　高增德主编：《中国现代社会科学家大辞典》，书海出版社1994年版。该辞典印量3千册，未再版。

之中。[2]周枏先生《我与罗马法》完稿于 2002 年，当时先生已经 94 岁高龄（虚 95 岁），视力听力均已不佳，《我与罗马法》实际上是口授而成，[3]内容集中于先生的早期教育和罗马法学习教学阶段。笔者收藏的周枏先生学术自传（征稿表）底稿是先生亲笔填写，没有具体日期。据笔者推测，大概在 1991 年前后。周枏先生当时 83 岁，尚能独立完整地填写《征稿表》全部栏目，思路清晰，在"代表性的学术思想"一栏，填写尤其认真，多达 5 条，深思熟虑，字字珠玑。令人震惊的是，不知何故，《中国现代社会学家大辞典》没有收录这 5 条中的任何 1 条，用别的内容取而代之，终成遗珠之恨。

对于周枏先生的生平经历，学界已经耳熟能详。周枏先生晚年工作单位安徽大学的高尚老师还专门著有《周枏先生与中国的罗马法研究》一文，[4]王源扩教授著有《中国"罗马法的活字典"——怀念周枏先生》一文，[5]何勤华教授的《外法史学科群英谱——奠基人》一文中也收录了周枏先生，[6]这些文章均对周枏先生的生平进行了详细陈述，其内容与周枏先生亲笔撰写的履历亦无不合，《中国现代社会科学家大辞典》在这方面也删节甚少，笔者不再重复，仅全文摘录周枏先生自己总结、填写且此前从未披露的"代表性的学术思想"：

1. "法"作为社会文化的重要组成部分，具有继承性，社会主义社会对剥削阶级的法也应批判地吸收，为我所用。所以，我们对古今中外的法都要以马列主义毛泽东思想为指导，深入研究，取其精华，去其糟粕，为创造具有中国特色的法律体系而努力。

2. 社会主义社会也应实行"取得时效"制度，以保护永续状态，维持社会秩序，以利经济的发展。当然，对于公有财产，也可仿照罗马法加以特殊的保护。

3. 关于限制行为能力人的年龄，以规定 6—7 岁为宜，使与儿童的实际生活和入学年龄相符，这也是绝大多数国家的通例。

4. 首先提出遗赠抚养协议的抚养人不应排斥法定继承人，使遗赠人对抚养人有更多的选择，而获得较为满意的照顾（见《关于遗赠抚养协议若干问题的探讨》，载《民法与建立商品经济新秩序》，吉林人民出版社 1990 年版）。

5. 对罗马法的基本特征，本人力排众议，提出下列三点：（1）罗马法是人定法而不是神授法，而其他古代法则认为法是上帝、真主等的意志；（2）罗马法重实际而不尚理论，在实际与理论发生矛盾时，总是从前者而舍后者；（3）私法特别发达，而其他古代法则是重刑轻民。

此外，周枏先生还在《征稿表》的"学术上的师承"栏目中提到胡适先生。周枏在《我与罗马法》一文中已经充分展示胡适先生对他在中国公学（大学部）学习及出国留学等方面的恩情，例如，作为校长的胡适先生为周枏出具大学学业完成证明书，并亲自担任周枏的留学担保人。[7]在这份亲笔自传底稿中，周枏先生进一步指出胡适先生的治学方法对其"影响很大"：

2　周枏：《我与罗马法》，载徐国栋主编：《罗马法与现代民法》（第三卷），中国法制出版社 2002 年版，第 99—117 页。

3　田田：《恩师周枏先生和他的〈罗马法原论〉后记》，《安徽法学》2004 年第 2 期。

4　高尚：《周枏先生与中国的罗马法研究》，载何勤华主编：《孤寂的辉煌》，商务印书馆 2017 年版，第 124—142 页。

5　王源扩：《中国"罗马法的活字典"——怀念周枏先生》，《法制日报》2009 年 2 月 18 日。

6　何勤华：《外法史学科群英谱——奠基人》，载《孤寂的辉煌》，商务印书馆 2017 年版，第 176—224 页。

7　周枏：《我与罗马法》，载徐国栋主编：《罗马法与现代民法》（第三卷），中国法制出版社 2002 年版。

受先师胡适"为学当如金字塔"的影响很大，在学习方面，力求博中求精，因为只有掌握了广泛的材料和基础，在正确的思想指导下，才能得出较高的成果。

"为学当如金字塔"是胡适发表于 1925 年 4 月 18 日《京报副刊》上一篇文章——《读书》结尾的两句口号之一，另一句是"要能广大要能高"。[8]胡适认为：博大要几乎无所不知，精深要几乎唯他独尊，无人能及。[9]这篇文章后来被收录到《胡适文存》之中，对后世治学者影响甚大。周枏先生 1926 年考入中国公学大学部商科，而胡适 1927 年担任中国公学校长，周枏先生受到胡适的影响既有间接影响（读胡适文章），也有直接影响（听胡适讲话、受胡适帮助）。

也许限于底稿的篇幅或者其他原因，周枏先生没有详细阐述何为"正确的思想"，何为错误的思想。在这一点上，周枏先生的老师胡适有不同看法。胡适没有把人的思想区分为"正确的思想"或者"错误的思想"，而是推崇"有价值的思想"。[10]胡适并非不重视思想，但他似乎并不介意思想本身的对错，而在乎思想的新旧，在乎思想的"精密"与否。[11]当然，周枏先生在新中国成立后，受到新式教育的改造，把思想一分为二，主张治学必须在"正确的思想指导下"，后人也能理解。只不过周枏先生这种新添加的治学方法，虽然有其历史根源，但已经与胡适的治学方法无甚关系。我们在分析周枏先生自传底稿时，这一点不得不注意。

此外，底稿有而大辞典无的地方还包括：周枏先生的中国民主同盟成员身份。

二、陈盛清先生的学术自传底稿

陈盛清先生 1985 年撰写了一篇自传，[12]1998 年，陈盛清先生又修改了这篇自传，以《陈盛清自述》的名义发表。[13]上述自传及自述主要展示陈盛清先生的人生经历和学术规划。陈国珍等著有《追思法学大师陈盛清》一文，[14]对陈盛清先生的经历叙述甚详。与之不同的是，笔者收藏的陈盛清先生亲笔填写的自传底稿还包括他自己总结的学术思想。该底稿亦未注明具体日期。笔者推测，与周枏先生的自传底稿一样，陈盛清先生的自传底稿也为 1991 年前后填写。巧合的是，与周枏先生一样，陈盛清先生也将自己的学术思想总结为 5 条。遗憾的是，《中国现代社会科学家大辞典》仅收录陈先生撰写的学术思想部分的 2 条，其余 3 条统统被编辑删除。下面是《中国现代社会科学家大辞典》"陈盛清"词条中已收录的 2 条学术思想：

1. 主张[15]将法学史原来四个学科——中国法制史、中国法律思想史、外国法制史、外国法律思想史（西方政治法律史）改并为二门，即中国法律文化史和外国法律文化史；

2. 提出[16]法律文化（法律制度和法律思想）有它的发展规律，但却离不开民族传统文化的继承和发展。中国民间向来有"天理、国法、人情"的传统法律文化，天理相当于自然

8　胡适：《读书》，载《胡适文集》（4），北京大学出版社 2013 年第 2 版，第 117 页。

9　同上。

10　胡适：《问题与主义》，载《胡适文集》（2），北京大学出版社 2013 年第 2 版，第 229 页。

11　胡适：《读书》，载《胡适文集》（4），北京大学出版社 2013 年第 2 版，第 113 页。

12　《陈盛清自传》，载《中国当代社会科学家》第 10 辑，书目文献出版社 1987 年版，第 143—147 页。

13　《陈盛清自述》，载《世纪学人自述》第 4 卷，北京十月文艺出版社 2000 年版，第 86—89 页。

14　陈国珍、涂俊明：《追思法学大师陈盛清》，《钟山风雨》2011 年第 3 期，第 38—42 页。

15　底稿为"倡议"。

16　底稿无"提出"二字。

法，其地位处于国法之前，意味着封建君主制颁法律不能悖于天理（主要指公平正义）；人情与国法并称，民间又有"法律不外乎人情"的俗谚，意指人际关系的准则，也包括道德、宗教准则在内。为此，建设社会主义法律文化，怎样继承和发展法律文化值得探讨。

下面是笔者收藏的陈盛清先生自传底稿"代表性的学术思想"栏目中剩余的3条，全文如下：

3. 倡议外国法律制度的教学研究，应将重点放在当代外国法律制度（当代社会主义国家、当代资本主义国家和当代穆斯林国家）和亚非拉民族独立国家法律制度方面。

4. 中国历史分期问题，根据近年出土文物的研究，先秦时期的法律文化，应上溯至皇帝时期，奴隶社会与封建社会的分期亦大有研究，中国究竟有无奴隶社会，也不能生搬硬套，主张解放思想，百家争鸣。

5. 对待资本主义国家的法律文化，在当前新科技革命全方位加速度大发展的新时代，社会主义国家要革新观念，全面借鉴，多方合作，博采精华，抵制糟粕，不能简单化绝对化地一概否定。

此外，陈盛清先生在自传底稿中填写了"学术上的师承"栏目，其内容亦未被录入《中国现代社会科学家大辞典》。在1985年撰写的自传中，陈盛清先生已经提到钱穆是他在苏州读高中时的老师之一，"给了我有关治学之道以终身难忘的影响"。[17]然而陈盛清先生在1985年自传中并未指明钱穆先生的"治学之道"究竟是什么。这一治学道路之谜终于在陈盛清先生1991年填写的学术自传底稿中解开：

"师承钱穆先生（字宾四），苏州中学高中三年的国文老师（治学谨严与勤奋态度，博学，通而后专）。"

在底稿的"主要学术活动"栏目，陈盛清先生明确指出：

"本人第一篇论文《戒严法之检讨》（全文一万字）发表于1935年4月《东法杂志》（全国司法会议专号），时年25岁。"

陈盛清先生在1985年的自传中没有提及这一篇文章。《中国现代社会科学家大辞典》虽然收录了《戒严法之检讨》这一文章的题目，但删除了"本人第一篇论文"以及该文的出处等重要信息。

陈先生自传底稿中又提到："本人第一本书籍《非常时期法律知识》（1937年中华书局出版）及第二本书籍《战时法律常识》（1938年商务印书馆出版），均系代老师阮毅成教授撰写，并用他的名义出版，时年27岁。"《中国现代社会科学家大辞典》删除了"本人第一本书籍""第二本书籍"等字样，但保存了代老师阮毅成教授撰写并以其名义出版的内容。

陈先生自传底稿中特别提到："本人第一本用自己名义出版的书《法律知识与青年》重庆中国文化服务社出版（1942年），时年30岁。"《中国现代社会科学家大辞典》仅提及《法律知识与青年》这一书名及出版社和年份，其余内容均予删除。

底稿有而《中国现代社会科学家大辞典》无的地方还包括：陈盛清先生的祖籍以及他的九三学社成员身份。陈盛清先生生于江苏溧阳，但在"祖籍"栏目却填写为："南宋时自江西迁居（家谱于土改时全部销毁，连曾祖名字也不知道，遑论江西何处迁来？）"这一细节也值得注意。

---

17 《陈盛清自传》，载《中国当代社会科学家》第10辑，书目文献出版社1987年版，第143页。

三、周枏、陈盛清二老自传底稿的异同

由于自传底稿采用固定表格形式，各栏目设计完全相同，二老的自传底稿具有高度的可对比性，可谓一目了然。二老均系江苏溧阳人，均无宗教信仰，均为民主党派人士。周枏先生比陈盛清先生年长两岁。在大学教育方面，周枏先生本科毕业于中国公学大学部商科，之后留学比利时，获得鲁汶大学政治外交硕士学位及法学博士学位。陈盛清先生毕业于中央政治学校（国立政治大学）大学部法律系，未曾出国留学。

从底稿上可以明显看出，二老的工作基本上都是高校教职，除了特殊年代外，[18]终身从事教书育人工作和学术活动。

周枏先生搞了一辈子罗马法研究，从民国到新中国，对罗马法痴心不改。在周枏先生的自传底稿"研究领域和方向"栏目，仅有六个字："民商法、罗马法"。

陈盛清先生在民国时期研究内容繁杂，既有法律常识之类普法著作，也有宪法、公证法、民法等专门著作；1949 年以后，陈盛清先生接受新思想，学习俄语，主要研究国家法。曾经参编《中华人民共和国宪法讲义》（法律出版社 1957 年版）。50 年代中期转入法史学，"搞中外法律制度史和思想史"，80 年代开始"着重于中外法制史的比较研究"。

二老在民国期间均任教过多数高校。周枏先生从 1935 年起先后任教于持志学院、湖南大学、厦门大学、江苏学院、暨南大学、上海法政学院；陈盛清先生先后任教于云南大学、中央政治学校、英士大学、同济大学、暨南大学。其中，暨南大学是二老共同任教过的地方。

1949 年后，周枏先生曾经在重庆最高人民法院西南分院民庭工作，后在青海师范大学图书馆工作，1980 年到安徽大学法律系工作。[19]陈盛清先生则工作于政务院政法委员会（研究员）、国务院法制局（研究员）、中央政法干部学校，1957 年后历经坎坷，1980 年入安徽大学法律系，担任教授、系主任。安徽大学成为二老最后的正式工作单位。

在二老的自传底稿上，均填写了他们在全国外国法制史研究会这一学术团体中的身份，周枏先生是全国外国法制史研究会顾问，陈盛清先生是全国外国法制史研究会前三届会长，这一情节，众所周知。

比较两份底稿，可以发现二老在学术思想上有一个共同点，均主张学习借鉴外国法律，"取其精华，去其糟粕"（周枏先生语），"博采精华，抵制糟粕"（陈盛清先生语）。至于何为精华，何为糟粕，这是一个学术难题，至今仍然没有定论。

底稿显示，二老均师承名家。周枏先生师承胡适，陈盛清先生师承钱穆。更奇特的是，二老在师承上虽然各不相同，一西一中，一革新一传统，但是师承的治学方法居然不谋而合，殊途同归：周枏先生推崇胡适的"为学当如金字塔"，"博中求精"；陈盛清先生推崇钱穆的"博学，通而后专"。治学方法上的一致性，很可能也构成二老之间共同语言的基础。

18　周枏先生 1958 年后在青海师范学院图书馆工作，一直到 1972 年退休。陈盛清先生 1957 年被打成"右派"，从 46 岁起过了"20 年贱民生活"。王源扩：《中国"罗马法的活字典"——怀念周枏先生》，《法制日报》2009 年 2 月 18 日；陈盛清、汪金兰：《在"反右"的狂风暴雨下》，载郭道晖等主编：《中国当代法学争鸣实录》，湖南人民出版社 1998 年版，第 75 页。

19　安徽大学法律系 1979 年复建。应当时安徽大学校长孙陶林和法律系负责人谢庭芳的邀请，周枏先生赴安徽大学法律系任教。王源扩：《中国"罗马法的活字典"——怀念周枏先生》，《法制日报》2009 年 2 月 18 日。

结　论

周枏、陈盛清二老的学术自传底稿，弥补了《中国现代社会科学家大辞典》删改的遗憾，还原了二老自己总结的学术思想的全貌，具有鲜明的时代特征，大致反映了中国外法史学人在20世纪90年代前后进行自我学术评价的历史背景。在学术成果方面，二老亲自撰写的作品目录与后人整理的作品目录并不完全相同，尤其对于何为"第一篇"文章、何为"第一本"专著，后人只能大概推断而他们本人则清清楚楚，因此自传底稿在一定程度上具有不可替代性。至于他们的学术师承，如果缺少自传，后人更是难以把握，并非所有的任课老师都对学生产生传承学术的影响，通常只有学生自己在暮年回顾一生经历时才最有资格评说自己真正的学术师承。

由周枏、陈盛清等诸多前辈创立的全国外国法制史研究会，已经40余年。考述先贤自传底稿，追忆前辈学术志业与学术思想，既是一种学习，也是一种精神上的洗礼。我非二老弟子，但有缘藏得二老手迹，时时勤拂拭，莫使惹尘埃。今天，与学界同仁分享这两份历史文献，在一定程度上也是对二老学术思想的继承与传播。

附件1　周枏先生自传底稿（学术思想及师承部分）

附件 2　陈盛清先生自传底稿（学术思想及师承部分）

The Manuscripts of Legal History: A Study of the Handwritten Autobiographies of Zhou Nan and Chen Shengqing

Wang Wei

Abstract: With the comparison of the manuscripts of autobiographies of Zhou Nan, Chen Shengqing and the Dictionary of Chinese Contemporary Social Scientists, it can be found that some parts of Zhou and Chen's manuscripts were deleted from the Dictionary. This article sorts out the two manuscripts so as to fully disclose the self-introduction and academic achievements written by the two leading scholars in legal history. To some extent, the two manuscripts are irreplaceable.

Keywords: Legal History, Zhou Nan, Chen Shengqing, Roman Law, National Institute for Foreign Legal History

马锡五与延安大学法学教育（1941—1949）

韩　伟　颜甜甜*

摘　要：抗战时期初创延安大学的法学教育，是中国共产党领导下高等院校法学教育的最早实践之一，是红色法学教育的重要源头。1949年，时任陕甘宁边区高等法院院长马锡五，在延安大学就边区的法律和司法作了专题讲座，并与在座的师生进行了交流，留下了珍贵的档案史料，体现了红色法学教育的诸多特点。红色法学教育体现出学历教育与职业教育相结合的特点，不完全是法律理论的学习，更注重司法、执法等法律职业素养的培育，以及实践能力的提升。在马锡五等老一辈法律专家的引领下，以延安大学法学教育为代表的红色法学教育，特别是社会需求导向的教育宗旨，教育的方式方法，及人民导向的价值观，对新中国成立之后的高等学校法学教育，产生了深远的影响。

关键词：法学教育　陕甘宁边区　延安大学　马克思主义法学

1949年5月，时任陕甘宁边区高等法院院长的马锡五，在延安大学作了有关边区新民主主义法律和司法的报告。报告结束后，马锡五回答了师生有关边区法律的提问。留存的档案记录表明，在场师生就法律性质、司法组织、审判制度等不同方面提出了形式多样的问题，[1]体现出延安大学法学教育的特色，也成为探寻红色法学教育的重要历史材料。本文即以马锡五在延安大学的报告及问答记录为基础，结合延安大学法学教育的发展演变，初步探讨延安大学法学教育、红色法学教育的突出特色。

一、延安大学法学学科及其教育概略

延安大学的主要前身是1937年中国共产党领导创办的陕北公学，是一所具有统一战线性质的干部学校，其办学主旨是将到达延安的爱国青年等，培养成适宜于抗战需要的干部，及各类人才。1941年，为了集中人力、物力培养抗战干部，党中央决定正式创办一所大学。随后，由中央政治局开会讨论，最终决定将陕北公学、中国女子大学、泽东青年干部学校合并定名为延安大学。由此不难发现，延安大学最初的办学定位，就是培养革命和战争急需的干部人才。

延安大学成立时，设立有三院三系，其中就包括有法学院，这也是我国历史上第一个党领导下的红色法学教育机构。延安大学法学院首任院长由原行政学院司法系主任、著名法学家何思敬

---

* 韩伟，西北工业大学法学系长聘副教授；颜甜甜，西北工业大学法学系研究生。本文资料收集，得到了西北政法大学刘全娥教授、延安大学宋晨翔老师、王亚男同学的帮助，特致谢。

1 《人民法院马锡五在延大关于司法几个问题的报告》（1949年5月），陕西省档案馆藏，档号：15-151。

担任,原行政学院司法系本科生也随之转入延安大学法学院,当时有学员八十余人,成为延安大学法学院第一批主要学生。学生大部分是青年知识分子,学校学习氛围浓厚。在何思敬、雷经天等人倡导下,经过边区政府同意,还成立了"中国新法学会"学术组织。

此一时期,由于延安大学的管理者、师资队伍,大多是受过正规的高等法学教育的学者,有不少甚至是从欧美、日本留学归来,因此,办学的理念受到西方现代大学"学科逻辑"的很大影响,注重培养学科性专业人才,在法学教育中,偏重正规的"法律条文"为基础的教学。[2]但是,实际情况是边区当时面临较为严峻的社会环境,不仅仅受抗日战争的影响,还有国民党顽固派的封锁,特别是皖南事变之后,国民党顽固派加强了对边区的封锁,进入边区的人员减少,边区的财政更加困难。而与此同时,边区各级政权又紧缺各种急需的人才,因此,在整风运动中,延安大学"学科逻辑"的办学理念遭到了批判,被认为是教育领域的教条主义,遂逐步转向了"社会需求逻辑"。[3]这也成为延安大学第二次合并的动因。

1944 年 4 月根据中共西北局和边区政府决定,行政学院与延安大学合并,成为延安大学所属的行政学院,其中行政学院由行政、司法四系组成,边区高等法院院长雷经天担任司法系主任。[4] 1944 年 5 月,延安大学举行开学典礼,毛泽东到场并发表讲话,他特别强调,"你们的一些课程都是由边区政府各厅的同志来教的,他们是做实际工作的,你们是学习的,做实际工作的领导人自己来教课,这很好。同时,你们也要经常去请教,走上门去,也可以打电话,如果那一天没来教课,便将他们的军,请他们一定来。"[5]根据 1944 年制订的教育计划,延安大学行政学院司法系课程分为共同课和专修课两类。共同课设边区建设、中国革命史、革命人生观、时事教育,专修课有边区法令、判例研究、司法业务、民间调解、法学概论、现行法律研究等。[6]可以看出,"合并而来的延安大学并非是大学的简单归并,而是一种新型教育体制的实施。这种新教育体制注重的不仅仅是价值观、世界观的革命化改造,而且还注重科学技术的学习与应用;不仅仅是被培养者接受速成式的训练,而且注重被培养者深厚科学知识底蕴的积聚。"[7]一些学生回忆了很多有关教师和课程的细节,如从国民党统治区长途跋涉到延安的杨云超,进入延安大学后分到司法班,他提及司法业务包括法学概论、民法、民事诉讼法、刑法、刑事诉讼法、婚姻法等,案例研究是各种典型案例的研究,还有民间调解、现行法律研究,审判员、书记员的职责范围,人民法院组织法规定的公开审判、回避上诉,"特别是被群众誉为'马青天'的马锡五审判方式——坚持就地办案,充分走群众路线,其事迹生动活泼,十分感人,留下了难忘的印象。"[8]这些课程的设置表明,延安大学的法学教育已经有极大的转变,从理论转向实践,培养司法实务界急需的人才成为其主要教育目标。

同时,由于抗日战争的迫切需要和物质条件的异常困难,延安大学学校教育进行了一系列改革。"过去法院曾办过三期司法训练班,现在延安大学设有司法系,即是专门培养训练边区司法

2　如司法训练班中,朱婴等以《六法全书》为教材,提倡专业化、正规化法学教育,引发了一些争议。参见刘全娥:《陕甘宁边区司法改革与诉法传统的形成》,人民出版社 2016 年版,第 136 页。

3　延安大学马克思主义学院曾鹿平教授提出此点。

4　马光明等:《陕甘宁边区时期延安大学的法学教育》,《西北高教评论》2022 年第 1 期。

5　《毛泽东文集》第 2 卷,人民出版社 1997 年版,第 156 页。

6　曾鹿平:《延安大学校史》,人民出版社 2008 年版,第 139 页。

7　同上书,第 55 页。

8　杨云超:《延安大学回忆录》,陕西人民出版社 1998 年版,第 333 页。

干部的学校。"[9]在教学工作中，要求学制设置短，课程设置少而精，教学方法灵活多样，这在当时特定的历史条件下是完全必要的。[10]法学教育亦是如此，然而，在知识界看来，特别是在来访延安的知识分子看来，延安大学的这种教育方式不够学院派，"教学方法虽是进步，教学的范围却还是局限于边区的经验，这样学生就只能适合于延安环境的需要。再就课程来看，除了五门共同课，行政系只有三门功课，司法系只有六门功课，教育系也只六门，财政系只有四门，学行政的可以不读比较政府与宪法，学法律的可以不读民刑法以及国际法等。"[11]因此认为边区当时的法学教育方针是排斥人文主义、贬低理论水准的，教育实践也偏重实用技术，更重视经验主义。

解放战争时期，在国民党军队大举进攻延安的情势之下，延安大学被迫进行了转移和疏散，教学曾一度中断和停滞。其间曾辗转至山西吕梁临县吴家湾，在此地接受了一批撤退到山西的边区司法系统的干部，"将行政和司法两个专业又一次合并，组建了政法一班和政法二班。"[12]至1947年，人民解放军抗日形势由战略防御阶段转入战略反攻阶段，敌我力量对比发生了转化，延安大学才逐步重返延安，恢复教学秩序。1948年7月，延安大学制定出了《延大改进意见》，由陕甘宁边区政府审定，后讨论制订了《延大教育方案》，其中提出成立四个系，包括文艺系、行政系等，在行政系附设行政、司法两班，司法班以培养地方法院书记员和裁判员为目的，招收高中毕业或具有同等学历者。课程分为政治课、业务专业课等四大类，政法系设税收负担及支前、统一战线、司法政策、政权问题等课程，教员包括有朱婴、仲鲲等人。[13]1949年7月，陕甘宁边区人民法院马锡五等呈文边区政府，"在延安时延大司法班之学员三十余人，现已分配工作，为适应革命形势迅速发展的要求，司法班须继续开办，以培养大批的司法干部。"[14]从目标、教材、课程等方面看，这一时期延安大学的法学教育，仍然偏向于实用性法律人才的培养。

二、马锡五在延大报告的背景及问答内容

马锡五并非法学教育专家，也未受过系统法学教育，但他与延安大学的法学教育却有着不解之缘。马锡五祖籍陕西延川，出生于保安县一个贫苦农民家庭，幼年时在家务农，十一岁入保安模范小学读书，因家境困难无力继续读书，从此步入社会，先后做过杂货店学徒、保安县警察，并加入哥老会。[15]这些生活经历，深深影响了马锡五的个人性格，也奠定了他心系底层百姓的价值趋向。马锡五虽然没有接受过法学教育，但他社会经历丰富，善于交游，又能够体会百姓生活疾苦，热心帮助老百姓，常常说"老百姓的事再小也是大事"，被称为"马公道"。

参加革命后，马锡五从事过诸多工作，与刘志丹一起，创建了陕甘边苏区，先后担任了粮食部长、国民经济部长等职务。中央红军到达陕北之后，马锡五被任命为陇东专署的专员，在财政经济工作中作出了重要的贡献，特别是"运盐"工作。由于当时交通运输条件不便，马锡五和群

9 《陕甘宁边区司法概况》（1944年），载张希坡：《革命根据地法律文献选辑》（第三辑），中国人民大学出版社2018年版，第478页。

10 刘建德、袁广斌：《延安大学与中国新民主主义革命》，《延安大学学报》（社会科学版）2007年第7期。

11 赵超构：《延安一月》，中国国际广播出版社2013年版，第144页。

12 曾鹿平：《西北政法大学：中国共产党延安时期法律高等教育的直接延续》，《法律科学》2013年第3期。

13 《延安大学史》编委会：《延安大学史》，人民出版社2008年版，第212—215页。

14 《陕甘宁边区政府文件选编》（第13辑），档案出版社1991年版，第431页。

15 侯欣一：《百年法治进程中的人和事》，商务印书馆2020年版，第253页。

众一起想方设法克服困难，"他同运输队一起研究运输方式，勘察道路，规划修路工程，研究设立供人畜食宿的店站，并与三边分署商定分工负责，互相协作。"[16]运盐工作的开展，有力支持了陕甘宁边区生产生活，收到了中共中央西北局的表彰，毛泽东亲自为其题词："马锡五同志，一刻也不离开群众。"[17]

马锡五作为陕甘宁边区新型司法的代表人物，长期在陇东分区工作，是马锡五审判方式的主要创始人之一。毛泽东称赞"马专员会审官司，老百姓说他是'青天'"[18]。1946 年 4 月，边区召开第三届参议会，马锡五被选为边区政府委员和边区高等法院院长。此后，马锡五离开陇东来到延安的边区高等法院，领导全边区的司法工作，兼任中央委托的法律研究任务。[19]这一段时间的工作后，马锡五更深一步理解了司法公正对于人民的重要性。他深知陕北地区多山的地理环境，百姓需要到数百里以外的法庭进行诉讼，花盘费、误农时，很多农民宁可接受冤抑，也不愿意去申诉或者上诉。因此，司法人员应该更多的走村入户开庭，"这样遍历农村，免除一切困难障碍，使受冤抑者随时随地都可申雪。"[20]

马锡五非常关心法律教育。早在 1946 年，马锡五当选边区高等法院院长后，鉴于当时司法人员奇缺，他就建议在延安大学设立司法班，后改为司法系，专门为边区培养急需的司法干部。1954 年，马锡五写文章回忆："在 1942 年至 1946 年间，又曾在延安大学设立了法学院、司法系、司法班，训练和培养司法工作干部，但因工作需要或战争关系，在这里学习的干部，大半未毕业即调做其他工作了。"[21]

马锡五曾亲自参与授课，他讲课没有书本也不用手稿，叙家常数家珍似地给学生讲授党的实事求是思想路线如何与审判工作相结合，如何在办案中深入群众进行调查研究，如何避免主观主义。[22]马锡五有关法律、司法的论述中，最鲜明的是对底层劳动人民权益的关注，体现了新民主主义法律的阶级性，"保护各民主阶级首先是保护工人阶级和贫苦农民阶级利益的法律"，[23]这些法律价值取向均体现在法学教育的过程中。

1949 年，作为院长的马锡五做完报告之后，在座的师生围绕着边区的法律与司法，提出了多个方面的问题，分为八个大类，共 44 个问题，主要包括：司法组织方面，法院院长由专员兼任是不是会妨害司法的独立性？法律政策方面，边区能不能适用国民政府的民法？审判方式方面，学生问及我国有无辩护律师和陪审员制度？边区高等法院审判时是否采用合议制？刑诉法方面能不能废除死刑？边区何种犯罪居多？原因在何处？买卖婚姻是否存在，又为何发生等？

这些问题的提出，本身反映了在座师生，尤其是法学学生的专业素养和现实关怀。具体来看，这些问题至少反映出如下一些特点：第一，部分学生具有较好的西方法学知识背景。有同学提问，"司法程序，是否亦系先由检察官侦查后，由公审审理？有无辩护律师及旁证等？"类似问

---

16 《党史人物传——马锡五》，载张希坡：《中国近现代法制史研究》，中共党史出版社 2016 年版，第 438 页。

17 张希坡：《马锡五与马锡五审判方式》，法律出版社 2013 年版，第 200 页。

18 《毛泽东文集》第 3 卷，人民出版社 1996 年版，第 98 页。

19 张希坡：《马锡五与马锡五审判方式》，法律出版社 2013 年版，第 15 页。

20 《陕甘宁边区司法考察记》（1946 年），载陈鹏生、杨永华主编：《中国法律思想通史》，山西人民出版社 2001 年版，第806 页。

21 马锡五：《新民主主义革命阶段中陕甘宁边区的人民司法工作》（1954 年 12 月），载张希坡主编：《革命根据地法律文献选辑》（第三辑第二卷下），中国人民大学出版社 2018 年版，第 473 页。

22 杨正发：《马锡五传》，人民法院出版社 2014 年版，第 392 页。

23 《人民法院马锡五在延大关于司法几个问题的报告》，1949.5. 陕西省档案馆，档号：15-151。

题中涉及的辩护制度、陪审制度、证据制度，大都源自于欧美国家的法学与法制实践。联系当时大批青年人奔赴延安的背景，其实也不难理解，很多年轻人曾经接受过各种各样的中高等教育，包括法学教育。如延安大学法学院首任院长何思敬，曾赴日本留学，虽然入的是文科，但广泛涉猎了社会学、法学的知识；雷经天幼年时就读于南宁模范小学，后考取厦门大学，次年又转入上海大夏大学，[24]虽然未专门学习法律，但打下了较好的人文社会科学素养。边区高等法院担任推事的任扶中，毕业于安徽大学法律系，曾任临潼县司法处书记官、陕西省高等法院书记官。[25]类似情况应当不在少数，部分学生对西方法律制度有所了解。

第二，部分学生对苏联的法学与法律发展非常熟悉。有学生提及"废除死刑"问题，举例说苏联准备要废除死刑，"苏联十月革命时，提出'废除死刑'口号，以后也将死刑废除，我们为什么不提出这口号？以后新中国的法律，是否要有死刑存在？"[26]通过这个问题，不难发现学生们对苏联法律制度的最新进展了然于胸，也间接地能够推断出延安大学法学教育的课程内容。

第三，法学学生们关注边区法制现实，并勇于提出质疑。边区法律讲究阶级性，有同学就此提问，如果有人因为贫穷而盗窃，边区如何处罚；有同学提出婆婆虐待儿媳、婚姻买卖、离婚条件、军属婚姻等问题如何处理，由新中国成立后第一部正式立法为《婚姻法》可知当时国内的婚姻状况不容乐观，存在的问题较多，学生们十分关注实际；还有同学提问马锡五审判方式的内容如何，这些都体现出学生不仅仅关注理论学习，更关注社会现实状况，力求学以致用，将理论运用到实践当中。

最后，学生普遍接受了新民主主义的政治教育，具有一定的政治素养。学生提问国民政府的法律的适用情况，体现了学生具有一定的政治意识。虽然抗战时期国共实行合作统一战线，对国民政府的法律进行了部分的承认和适用，但学生在思想上仍然坚定不移地坚持中国共产党的领导，坚持有利于政治和人民主体的法律观，体现了新民主主义法学和司法教育的特色。

三、延安大学法学教育的成效与特色

延安大学法学教育，是中国共产党领导下高等法学教育的突出代表，但对其教育教学的过程与效果，长期缺乏详细的记述。马锡五报告的问答记录，是一份难得的法律教育样本，能初步看出延安大学法学教育的成效与特色。

一是，以延安大学为代表的红色法学教育始终在党的领导下，坚持正确的政治方向，加强政法人才的政治素养，服务于革命与党的政策法律实施，培养符合社会实际的法律人才。从办学初期"学科逻辑"下的法学院体系，到后来注重社会实际需求的司法系、政法系，延安大学的法学教育，紧紧围绕着党的大政方针、教育目标展开，不断作出调整，培养了大批适应革命与战争需求的法律人才。"为人民服务"是延安时期党的根本宗旨，它也体现在延安大学学生的提问中，如涉及贫苦者盗窃的定罪量刑问题、农民争水浇地中的权利侵害、乡村中的婆媳关系问题等，都反映出对普通百姓合法权利和生活疾苦的关注。

24　王林涛：《雷经天》，载《中共党史人物传》（第二十卷），陕西人民出版社 1984 年版，第 347 页。

25　参见刘全娥：《陕甘宁边区司法改革与政法传统的形成》，人民出版社 2016 年版，第 84 页注释 5。

26　《人民法院马锡五在延大关于司法几个问题的报告》，1949.5. 陕西省档案馆，档号：15-151。

二是，红色法学教育体现出学历教育与职业教育相结合的特点。延安大学的法学教育不完全是法律理论的学习，更注重司法、执法等法律职业素养的培育，以及实践能力的提升，在传授专业知识的同时强调培养学生业务能力。特别是 1944 年之后，司法系、政法系的设置，更是凸显了法律实务人才培养的教育导向。马锡五报告之后，学生提出民事、刑事诉讼的诸多问题，如农村中夫妻过不到一起，及抗工属家庭妇女和老人搞不到一起，应该如何处理？投敌犯是否算政治犯？对反革命及特务的审理态度如何？对土匪盗贼这类人，如何处理？罪犯在判决后，若接受教育很快，或者真心悔改的，原定徒刑是否可以减轻？成分不同的人，犯了同等之罪，是否同样处理等等，都是来自司法实务工作中的问题，体现了对教学的关注重点。高等教育服务社会需求的倾向，在世界高等教育史中具有很明显的体现，如美国早期大学，特别是现代农业和机械工业大学在赠地法案支持下建立，"带有浓厚的专业主义和实用倾向的大学运动就此兴起。"[27]这说明，实用主义的高等教育，并非只有战时延安的孤例。

三是，马锡五讲座中，采取大量的答问方式，类同于古老的苏格拉底教学法，即不仅仅是给出答案，更"包含着积极的引导"，[28]展示学习和论证的过程，这又与现代大学倡导的学生主体的探讨式教学、结构化研讨不谋而合。由前述法例、科刑、审判方式等提问可以发现，尽管在革命战争的特殊环境下，延安大学法学教育仍颇有成效，培养的法学人才知识结构多元，对各种类型法律知识能兼容并蓄，同时倡导学生关注社会、敢于怀疑、自由研究、民主讨论，这为后期开展法学研究、建构中国化的法学知识体系奠定了基础。

延安大学的法学教育，由学科型逻辑向社会需求型逻辑的转变，由理论性人才到实务性人才培养模式的转变，以及体现出坚持正确的政治方向，注重维护贫苦工农等人民群众利益的价值导向，都与毛泽东、林伯渠等党的领导人的指引密切相关，更与马锡五等一批对底层社会百姓疾苦有深切了解的司法工作领导人紧密相关。延安大学法学教育的特色，可以说在一定程度上就是以马锡五为代表的那一批司法工作领导人价值观、教育观的体现。

结　　语

以延安大学法学教育为代表的红色法学教育，是近代以来中国法学教育的重要组成部分，是中国共产党领导下的法学教育的最典型代表。虽然处于革命战争年代，延安大学的法学教育在马锡五等一批司法领导人的关注下，更注重实用性，强调服务于政治需要，保障人民群众，尤其是贫苦工农的合法权益。延安大学的法学教育，从马锡五在延安大学作报告后与学生的问答中管窥一斑，简短的问答足以体现延安大学的法学教育兼具理论性与实践性，融合了政治性与法律性，体现出开放包容、勇于质疑的可贵精神，以及维护弱势群体权益、实现实质公正的价值取向，这些教育的理念与方式，对当代中国法学教育创新仍不乏重要启示。

27　曹宇：《大学教育：走向一流还是走向虚无》，《读书》2020 年第 6 期。
28　袁征：《美德是不是知识——苏格拉底与孔子教学法的比较研究》，《广东社会科学》1999 年第 6 期。

Ma Xiwu and the Legal Education of Yanan University (1941-1949)

Han Wei   Yan Tiantian

Abstract：The legal education of Yanan University established during the war against Japanese aggression is one of the earliest practice of the legal education under the leadership of Chinese Communist Party, and the important source of red legal education. In 1949, Ma Xiwu, the president of the High Court of Shanxi, Gansu and Ningxia, made lectures on law and justice in the area, and communicated with the teachers and students of Yanan University, left important archives, and embodied many characteristics of red legal education. Red legal education has the characteristic of combining academic education and professional education, which includes not only legal theory, but also judicial practice. Under the leadership of Ma Xiwu and other jurists, the red legal education represented by Yanan University, especially the education aim of demand-orientation, the modes of education, the value of people-orientation, has a deep and long influence on the higher legal education of new China.

Keywords：Legal Education, Shangxi-Gansu-Ningxia Area, Yanan University, Marxism Law Science

中央政治学校的法律教育及司法官养成

杨凌燕[*]

摘　要： 中央政治学校以培养党的干部人才为宗旨，因此，培养的主要是国民党党政人才。其在大陆存续二十余年，在法律教育领域也做出一定贡献。同时，在当局的统一管辖内，该校的公务员训练部以及兼办的法官训练班，还涉及司法官的养成。鉴于该校与普通大学的差别，毕业生大都进入政府权力部门，后随之迁往台湾，法学毕业生亦不例外。但它在中国近代法律教育史上，以及在司法官的养成方面，仍留下了自己的笔墨。

关键词： 中央政治学校　法律教育　司法官养成

中央政治学校的出现，是为党政服务的，"以严格的训练造成实行党治的政治建设人才为宗旨"。[1]所设的大学部、专修部、研究部、公务员训练部、训练班等，都培养了多种专业人才。学界对中央政治学校的党务活动、派系问题，以及培养的外交人才等都有研究，[2]对所属的地政学院、蒙藏学校以及边疆分校也有探讨，[3]但对法律教育以及司法官的养成均未涉及，其法律教育的发展如何？司法官养成在本校何时产生？毕业生就业去向是怎样的？这些问题都值得探究。

一、中央政治学校的开办

中央政治学校的前身是国民党中央党务学校，简称中央党校，隶属国民党中央执行委员会。民国十六年（1927）于南京成立，"以培养党的干部人材，树立革命之基础"，[4]是年八月开学。蒋介石担任校长，戴季陶为教务主任，丁惟汾为训育主任，陈果夫为总务主任。校址在南京红纸廊，系前江苏法政大学旧址所在地。中央党校招收了一期学生，历时十个月，于民国十七年（1928）五月毕业，共252人。

民国十八年（1929）六月，改中央党务学校为中央政治学校，加聘胡汉民、戴季陶、陈果

---

* 杨凌燕，法学博士，山西财经大学法学院讲师。

1 《中央政治学校章程》，《中华民国法规大全·第三册》，商务印书馆 1936 年版，第 3804 页。

2 张欢：《中央政治学校中的国民党组织与党务活动（1929—1937）》，《近代史学刊》2018 年第 2 期；王琛、江沛：《中国国民党中央政治学校派系问题考论（1929—1937）》，《史学月刊》2022 年第 8 期；张晶萍：《民国外交学研究——以中央政治学校外交学系为中心（1930—1949）》，中共中央党校 2017 年博士学位论文。

3 殷雪萍：《民国地政学的早期开展——以中央政治学校地政学院为中心（1932—1940）》，《近代史学刊》2020 年第 1 期；喻永庆：《南京国民政府初期蒙藏教育的推进考察——以中央政治学校附设蒙藏学校创办为中心》，《西藏大学学报》（社会科学版）2018 年第 2 期。

4 朱燕平：《中国国民党中央政治学校文献类编（1927—1949）》，江苏人民出版社 2014 年版，第 1 页。

夫、邵力子、罗家伦等为委员。教育计划经过改订，设政治、财政、地方自治、社会经济四系，与普通大学相同，学习期限定为四年。党校第二期学生即为政治学校第一期学生。

民国二十年（1931）重定学系，设大学部、研究部。大学部又设政治、法律、财政、社会经济、外交、教育六系。此外，还设有地政学院、计政学院、合作学院、蒙藏学校及边疆分校，以培养行政人员和计政人才，加强蒙藏的教育。

民国二十六年（1937），受战争影响，中央政治学校先后迁江西庐山、湖南芷江。二十七年（1938）七月入川，后择址于重庆小温泉。民国二十八年（1939），增设立公务员训练部及地政、会计、新闻事业等专修班。民国三十五年（1946），中央政治学校迁回南京，三十六年（1947）与中央干部学校合并，成为国立政治大学。1949年停办，1954年台湾当局决定复校，1955年在台北重新开办。

二、中央政治学校的法律教育

中央政治学校的法律教育主要涉及大学部。民国二十年（1931）的学系改革，正式设立法律系。大学部曾停办两年，民国三十年（1941）恢复招生，设法政、经济、外交三系。法政系分普通行政组、社会行政组、法制组。

根据民国三十年（1941）修正的《中国国民党中央政治学校组织规程》，大学部招生资格如下：1. 曾在立案之高级中学毕业者；2. 年龄在十八岁以上二十六岁以下确信本党主义，富有革命性而身体健全能耐劳苦者；3. 志愿遵守本校一切命令规则者。第一学年不分系组，第二学年根据各生志愿及成绩选定系组。该校特别之处在于，女生只能在财政系会计组、经济系金融组或统计组、教育系、新闻系中选择，其余系组，包括法律系，均不收女生。[5]法律系学生在校期间主要包括军事训练、精神训练、体育训练、学科训练、毕业实习等。其中学科训练，即课程学习主要内容见表1。

表1　中央政治学校法律系课程表[6]

学　年	科　目	每周时数	授课时间
第一学年	党义	二	一学年
	国文	四	一学年
	英文	五	一学年
	中国近世史	三	一学年
	西洋史	三	一学年
	政治学	三	一学年
	经济学	三	一学年
	算学	三	一学年

5　朱燕平：《中国国民党中央政治学校文献类编（1927—1949）》，江苏人民出版社2014年版，第22—29页。

6　同上书，第52—56页。

续表

学　年	科　目	每周时数	授课时间
第二学年	民法总则	三	一学年
	刑法总论	三	一学年
	宪法	三	一学年
	国际公法	三	一学年
	中国法制史	三	一学年
	法理学	二	一学年
	英文	三	一学年
第三学年	民法债编总论	三	一学年
	民法债编各论	三	一学年
	民法物权	二	一学年
	刑法各论	三	一学年
	行政法	三	一学年
	劳工法	三	一学期
	土地法	三	一学期
	英美法	三	一学年
第四学年	民法亲属及继承	三	一学年
	商事法	三	一学年
	民事诉讼法	四	一学年
	刑事诉讼法	三	一学年
	国际私法	二	一学年
	罗马法	二	一学年
	法律哲学	二	一学年

　　民国三十年（1941）恢复大学部招生后，法律系改为法政系，下设法制组。学科经改革，亦有一定程度变化，具体课程参见表 2。

表 2　中央政治学校法政系法制组课程[7]

民国三十一年课表		民国三十七年课表	
党义	国际公法	党义	国际公法
国文	中国政治思想史	国文	英国议会与立法
英文	应用文	英文	应用文
中国通史	法律哲学	世界通史	商事法
西洋近世史	中国法制史	西洋近代史	中国法制史
政治学	英美法		英美法

　　7　表格资料来源朱燕平：《中国国民党中央政治学校文献类编（1927—1949）》，江苏人民出版社 2014 年版，第 44—48 页；《国立政治大学校刊》1948 年第 274、275、276、288、289 期。

民国三十一年课表		民国三十七年课表	
经济学	近代大陆法	罗马法	西洋法制史
理则学	经济立法	强制执行法	土地法
心理学	刑事政策	民刑事审判实务	刑事政策
哲学概论	刑法分则	法理学	刑法分则
中国政府	民法亲属继承	中国宪法及政府	民法亲属
宪法	民事诉讼法	宪法	民事诉讼法
社会学	刑事诉讼法	社会学	刑事诉讼法
民法总则	特别民法	民法总则	特别民法
民法债编	国际私法	民法债编	国际私法
民法物权	法院组织法	民法物权	中国司法组织
刑法总则	犯罪学	刑法总则	犯罪学
行政法总论	立法技术研究及实习	破产法	立法技术
行政法各论	英文法学专书选读	行政法	国际公法

无论是法律系还是后来改组的法制组，法学课程的安排虽与普通法律教育无大差异，但由于中央政治学校的学制设置，法律系学生在第一学年与其他学系相同，所学均属大类课程。实际上，这里的法律教育只有三年的专业学习。这是中央政治学校法律教育与其他法律教育最明显的差异。与前期法律系相比，后期法制组的课程增加不少，大类基础课、专业课种类都有所增加。

大学部教授法学课程的，大都是著名法学家，如梅汝璈、石志泉、谢冠生、阮毅成、吴振源、洪文澜、周鲠生、王世杰、胡长清、曹凤萧、江海潮、林纪东、萨孟武、吴学义、洪兰友、梅仲协、郑天锡、唐炳麟、戴修瓒等。在校期间，学校还组织学生前往监狱参观，[8]或统一去法院参观旁听，[9]以明晰司法实况。毕业实习方面，按照学制，毕业生被派往各地方法院实习，实习期限一般为三个月。

据统计，中央政治学校大学部法律系共毕业 141 人，国立政治大学法制组截至民国三十七年（1948）五月，共毕业 248 人。[10]著名民法学家谢怀栻[11]即毕业于此。以大学部第 13、14 期法政系法制组为例，可了解毕业生去向情况。

8　参见《阮毅成先生召集二三年级法律系学生谈话，参观第一监狱已接洽妥当，日内并将举行演讲讨论会》，《中央政治学校校刊》1936 年第 118 期，第 5 页。

9　参见《四年级法律系学生赴首都法院参观并旁听审案》，《中央政治学校校刊》1936 年第 119 期，第 4 页。

10　参见朱燕平：《中国国民党中央政治学校文献类编（1927—1949）》，江苏人民出版社 2014 年版，第 455 页。

11　谢怀栻（1919—2003），湖北枣阳人，民国二十七年（1938）—民国三十一年（1942）就读于中央政治学校法律系毕业，次年任重庆地方法院学习推事，民国三十二年（1943）十月，入中央政治学校公务员训练部司法官组学习，民国三十三年（1944）二月结业，任重庆地方法院推事。民国三十四年（1945）任台湾高等法院推事，民国三十六年（1947）任上海地方法院推事。民国三十七年（1948）任上海国立同济大学法律系教授，兼任上海大夏大学教授，讲授民法、民事诉讼法。1949 年后，进入北京中国新法学研究所研究院学习，1951 年任中央政法干部学校教员。1979 年，任中国社会科学院法学研究所研究员，兼研究生院教授。参见周川：《中国近现代高等教育人物辞典》，福建教育出版社 2018 年版，第 637 页。

表 3　国立政治大学大学部第 13、14 期法制组毕业去向情况[12]

第13期 毕业生姓名	毕业去向	第14期 毕业生姓名	毕业去向	第14期 毕业生姓名	毕业去向
王　瑶	福建省民政厅	朱继培	上海地政局	杨应昌	福建省政府
陈慕彬	广东省政府	莫仁光	浙田粮处	赵景淳	福建省政府
陈景熙	广东省政府	余连源	昆明云南论坛社	陈家振	立法院
左治平	台湾省政府农林处	谭际义	法官班受训	陈茂春	福建省政府
叶品焕	台湾省政府农林处	张特生	台湾台南地院	念尔右	立法院
汪嘉言	台湾省政府人事处	蒙承赢	台省府日产清理处	谭光法	贵州独山县政府
郭世镛	台湾省地政局	李国枢	辽宁锦州第五军法处	洪传田	贵州省政府
黄中玲	台湾省合管委员会	陈德霖	首都高等法院	陈祥荣	贵州平坝县政府
叶剑峰	台湾省合管委员会	吕忠公	军法局	潘家桢	贵州关岭县政府
黄孝渊	青岛齐鲁公司	蒋达涛	法官班受训	徐培辰	装甲兵学校
冯泽琨	上海永业公司	周希贤	台北省立补习学校	晁　樾	本校
张耀康	上海货物税局	夏辉耀	迪化地院	刘锡炳	本校
李　清	湖南省党部	范文仁	渝建华文法学院	李国恩	西安市政府
龚芸窗	上海市党部	萧芳腾	联勤总部	刘克权	本校法官班受训
孙展鹏	吉林省党部	易声阶	政工班受训	武忠森	天津市政府
张志光	嫩江省党部	何宝文	司法院	崔翰臣	天津市政府
李光剑	本校法官训练班	张有勋	辰谿县政府	贺昇文	天津市政府
李铎生	本校法官训练班	陈启政	法官班受训	王满纪	陕西泾干中学
刘叔华	湖南洪江洪达中学教员	袁守椿	军法局	杨举才	司法院
饶敏卿	浙江省政府	曾文穆	四川内江私立联兴中学	郝鉴如	陕西省政府
吴奇良	浙江省政府	张志一	本校法官班受训	郭　锐	甘肃省政府
胡克勤	浙江省政府	张成仁	立法院	王克雍	兰州西北行辕政工处
童瑞卿	中央财务委员会	邓　崐	贵州德江田粮处	吕耀东	立法院
开政怀	安徽省党部	张光文	法官班受训	王大邦	天津市政府
张复礼	台湾省民政厅	谭学桓	军法局	曹万化	绥远省政府
叶克忠	湖北省党部	周九皋	宪兵学校	胡秉元	东北"剿匪"总部
黄钢浦	湖南高等法院	郑振邦	广东全省沙田管理处	黄信球	台省府秘书处
齐华杰	首都高等法院	牟　云	立法院	雷炳权	铨叙部
胡　桢	上海高等法院				
邓权昌	海军司令部				

　　法制组学生毕业去向多系地方政府各部门，只有少数进入司法系统或继续接受司法官养成教育，体现了法律教育的党化和行政化，这点也是政治学校法律教育与普通法律教育的主要差异。

　　12　表格资料来源：《国立政治大学校刊》1947 年第 257、261、262、265、266 期，1948 年第 291 期。

三、中央政治学校的司法官养成

司法官养成，指法科毕业生进入司法实务界以前，由司法行政机关对其进行考核，并在此基础上，进行司法实务的学习，以获得担任司法官的资格。主要内容包括理论知识的巩固与考核、实务锻炼以及职业道德的塑造等。司法官的养成，该校涉及的主要有公务员训练部和法官训练班。

（一）中央政治学校公务员训练部

公务员训练部于民国二十八年（1939）九月设立，分高等科和普通科。高等考试各类初试及格人员入高等科修习，为期六个月。普通考试合格人员入普通科修习，为期一年。高等科和普通科均分不同种类，分组修习，包括行政、外交、司法、教育、卫生等。其中司法官组系属高等科。高等科者，期满参加考试院组织的再试，及格后视成绩等级以荐任官或委任官分派中央及各省。

根据《中央政治学校公务员训练部高等科训练大纲》，[13]包括司法官组在内的高等科学员，其训练内容主要有精神训话、政治教程、分组课程及专题研究、军事训练、体育、小组讨论、特别讲座等，为期一年。截至民国三十七年（1948）五月，中央政治学校高等科司法官组和国立政治大学司法官组，共毕业355人。

高等科招生，有时分为各个专业组，比如高等科第14期，共分为五组。第一组建设人员组（包括化学工程、土木工程、矿冶工程、机械工程、电机工程、建筑工程、水利工程、纺织工程、农艺、园艺、畜牧、兽医、水产等类人员）。第二组行政人员组（包括普通行政、教育行政、社会行政、土地行政、卫生行政、户政等类人员）。第三组外交官领事官。第四组司法官。第五组财政、金融、经济、会计、审计、统计等。[14]有时又只有一个分组，比如高等科第13期的学员均为司法官组。

高等科司法官组学员，毕业后仍回原籍或重新分派各地方法院担任推事或检察官。以第13期高等科（司法官组）为例，共分派138人，其中天津地方法院9人，北平地方法院7人，首都地方法院7人，上海地方法院6人，广州地方法院6人，安东地方法院3人，青岛地方法院2人，重庆地方法院2人，西安地方法院1人，辽宁各地方法院22人，四川各地方法院13人，江苏各地方法院11人，浙江各地方法院10人，湖北各地方法院6人，广东各地方法院6人，湖南各地方法院4人，福建各地方法院4人，河南各地方法院4人，吉林各地方法院3人，安徽各地方法院2人，江西各地方法院2人，河北各地方法院2人，云南各地方法院1人，贵州各地方法院1人，甘肃各地方法院1人，山西各地方法院1人，江西各地方法院1人，察哈尔各地方法院1人。[15]分派范围广、人数多，充实了地方司法力量。

13　《中央政治学校公务员训练部高等科训练大纲》，《服务月刊》1940年第3卷第1期，"专载"，第112—113页。

14　参见《高等科十四期开学　专题研究共分五组》，《国立政治大学校刊》1948年第284期，第1—2页。

15　参见《国立政治大学高等科第十三期毕业生分发服务情形》，《国立政治大学校刊》1948年第271期，第7—8页。

（二）法官训练班

法官训练班，是作为南京法官训练所的后续存在的，虽隶属中央政治学校，仍受司法行政部管辖，在养成司法官方面，起到一定作用。南京法官训练所是近代三所专门的中央司法官养成机构之一，法官训练所自民国十八年（1929）六月开学，至民国三十二年（1943）二月停办，历时14 年之久。其间开办有法官班、调训班、承审员班、法院书记官班、狱务人员训练班等多种类型的班别。受政局影响，南京法官训练所裁撤后，中央政治学校接续办理司法人员养成事宜，开设法官训练班。司法行政部部长谢冠生自兼主任，主管人事的秘书王建今兼充副主任。同年八月，制定《司法人员训练大纲》，三十五年（1946）八月十四日修正，改称为《司法官训练办法》。《司法官训练办法》共十条。

第一条、中央政治学校设司法官训练班，对具有下列各款资格之一者，分期调训，予以半年至一年之政治训练及司法实务训练。

一、曾任县司法处审判官一年半以上，并经部派者

二、公立或经教育部立案或承认之国内外大学独立学院法律系毕业，在法院组织法施行前，曾任推事、检察官二年以上，未经部派者

三、具有前款学历，曾执行律师职务二年以上者

四、具有第二款学历，曾任县承审员四年以上或法院书记官五年以上者

五、具有第二款学历，曾任少校军法官二年以上，或军法承审员五年以上准则

六、具有第二款学历，曾任荐任司法行政官二年以上，由原服务机关保送者

七、具有第二款学历，曾任委任司法行政官三年以上，叙至最高级满二年，由原服务机关保送者

八、具有第二款学历，曾经高等考试及格，并分发任用一年以上，由原服务机关保送者

九、公立或经教育部立案之私立大学或独立学院法律系四年以上毕业，考列前十名成绩在八十分以上，由原校保送者

第二条、前条各款人员之资格，由司法行政部初步审查后，送考选委员会复查。

第三条、司法官训练班课程编制及教员人选，由中央政治学校与司法行政部考选委员会商定之。

第四条、司法官训练班训练期满人员经铨定资格考试及格者，由司法行政部分别以地方法院推事、检察官或候补推事、检察官叙用。

第五条、中央训练团就具有《法院组织法》所定司法官资格者[16]，分期选调，予以政治训练。

前项司法官与其他调训人员，合班受训。但司法行政部得派员指导，其办法由中央训练团与司法行政部商定之。

---

[16] 1932 年公布、1935 年修改施行之《法院组织法》第六章推事检察官之任用。推事检察官非有下列资格之一者，不得任用：一，经司法官考试及格并实习期满者；二，曾在公立或经立案之大学、独立学校、专门学校教授主要法律科目二年以上，经审查合格者；三，曾任推事或检察官一年以上，经审查合格者；四，执行律师职务三年以上，经审查合格者；五，曾在教育部认可之国内外大学、独立学院、专门学校毕业，而有法学上之专门著作，经审查合格并实习期满者。《法院组织法》，载徐百齐编：《中华民国法规大全》（第四册），商务印书馆 1937 年版，第 5385 页。

第六条、前条人员训练及格者，依训练成绩定叙用先后，现任法官考其训练成绩，应为年终考绩时之重要参考。

第七条、受训人员在受训期间之待遇，由训练机关与司法行政部商定之。

第八条、训练经费由训练机关就原有经费支配之。必要时得由训练机关另编预算，呈请核定。

第九条、调训实施办法、开始日期及每期调训人员，由训练机关与司法行政部分别商定，并报请行政院、考试院备案。

第十条、本办法自公布日施行。[17]

从《司法官训练办法》第一条规定的入所训练各项资格人员可以看出，其招收人员成分复杂，对学员是否具有法官初试及格或同等资格，并无特别要求。法官训练班既有养成教育，也有调训司法官的在职训练（第五条、第九条规定）。

根据该训练办法各条之规定（第二条、第三条、第七条规定），训练班的各项工作，包括资格审查、训练课程、教员聘请、训练班经费等，均由中央政治学校与司法行政部共同商定。据此可以看出，该训练班与法官训练所一样，仍属中央一级的司法官养成机构。

根据法官训练班训练大纲，训练内容主要包括军事训练（养成整齐严肃迅速确实之精神与管理事务之能力）、政治训练（增进对于国父遗教之认识与加强对于三民主义之信仰并培养广泛之政治常识与领导办事之能力）、专业训练（培养法官所必备之专门学术并注意实际应用造成法律理论与实用相贯通之司法专门人才）。在班期间，具体训练顺序为：（一）预备教育，（二）始业训练，（三）一般政治课程训练和军事训练，（四）专业课程训练，（五）小组讨论，（六）毕业考试，（七）铨定资格考试及分发任用。[18]

从训练大纲看，中央政治学校进行的司法官养成，注重政治训练、军事训练、精神讲话，并将其放在专业课程训练即实务训练之前，反映出政校的司法官养成以党、政为重，这与专门的司法官养成机构以提高司法实务为宗旨略有不同。

关于选送国立各大学法律系毕业生，免试入法官训练所训练事宜，早在民国二十四年（1935）考试院就进行过讨论。司法行政部拟选送国立各大学法律系毕业生，毕业成绩在八十分以上者，入法官训练所受训，在关于训练期满能否承认其具有法官初试及格的问题上，司法行政部无法做出结论。原因在于，假设国立各大学法律系毕业生训练期满后，应依《司法官任用暂行标准》[19]第六条，得派充学习推事、检察官。又依第八条之规定，学习推事、检察官，非经高等考试之司法官再试及格，不得派充候补推事、检察官。而该生等非司法官初试及格人员，将来训练期满，能否参加司法官再试，取决于考试院能否承认其具有司法官初试及格之同等资格。司法行政部对此专门呈准考试院，考试院经会议讨论，认为依据民国二十一年（1932）十二月十四日修正公布之《法官训练所章程》第二条规定，"以就法官初试及格人员训练司法实务为宗旨"，该生等未经考试，依法无由承认其具有法官初试及格之同等资格。[20]为使国立各大学法律系优秀毕业生训练计划得以实施，司法行政部于民国二十四年（1935）六月，进行"司法官临时考试"，

---

17 《司法官训练办法》，《广州大学校刊》1946年第14、15期合刊，"公牍"，第8页。

18 《国立政治大学法官训练班第三期训练大纲》，《国立政治大学校刊》1947年第252期，第5页。

19 《司法官任用暂行标准》，载蔡鸿源主编：《民国法规集成》第65册，黄山书社1999年版，第522页。

20 《法官训练所章程》，《考试院公报》1935年第2期，"公文"，第33页。

专门针对拟保送的法律系毕业生，合格者获得法官初试合格之资格，可入所训练。

中央政治学校开办法官训练班后，国立各大学法律系优秀毕业生，可直接保送，入班训练，不需经过上述所说的"司法官临时考试"。《司法官训练办法》第一条第九款规定，公立或经教育部立案之私立大学或独立学院法律系，四年以上毕业，考列前十名，成绩在八十分以上，由原校保送者，可直接入法官训练班进行训练。除成绩要求外，限定每期训练班，每校最多可保送十名毕业生，后考虑到人数众多，又限制在每校三名。国立西北大学、国立中山大学、国立四川大学、国立山西大学等校等，都积极参与此项事宜。

法官训练班共开办了四期。民国三十三年（1944）三月，法官训练班开课，第 1 期学员 131 人，于该年十月毕业。民国三十四年（1945）二月，第 2 期开办，共 84 人，十一月训练期满毕业。前两期训练班均在重庆开办，抗战胜利后，训练班于民国三十五年（1946）四月随政治学校迁回南京。民国三十六年（1947）十月，第 3 期法官训练班开课，共招录 174 人，时间定为八个月，民国三十七年（1948）五月底结束。十月，第 4 期训练班开课，招生 180 余人，训练期原定八个月，因战局影响，当年十二月底便匆匆结束。[21]法官训练所学员毕业后仍分发至各地法院，充实了地方司法机关。

结　　语

中央政治学校的法律教育，从课程设置、毕业去向看，具有明显的"党化司法""行政化司法"的特征，学生在校期间以政治训练和军事训练为主，毕业后也大都进入行政机关。这是它与其他法律教育的重要区别。政校司法官的养成，与学习推检、司法讲习所、司法储才馆、法官训练所等作用相同，以养成司法人才为宗旨，充实地方司法机关，促进了近代司法的发展，但"政治性""党务性"同样很明显，这也是南京国民政府时期"党治"大环境下的必然结果。总体而言，中央政治学校的法学教育在当时的整个法律教育体系中，占比不大，容易被忽略，且因其政治色彩浓郁，学生鲜少活跃在专业的司法领域，因此关注度不高，但仍不能忽略它在法律教育领域留下的足迹。

The Legal Education of the Central Political School and the Training of Judges

Yang Lingyan

Abstract：The aim of the Central Political School was to train cadres for the party, so the subjects of the training were party and political talents. For more than 20 years in mainland China, the school made some contributions in legal education. Meanwhile, the school also trained judges. The school was different from general universities so most of its graduates, including law graduates, entered governmental agencies, and then moved to Taiwan. The School has a special place in the history of Chinese legal education and the training of judges.

Keywords：The Central Political School, Legal Education, Training of Judges

---

21　唐润明：《抗战时期国民政府在渝纪实》，重庆出版社 2012 年版，第 424—426 页。

清末法律教育的地方实践：
基于广东法政学堂的考察

郭永松[*]

摘　要：尽管广东法政学堂远离政治中心且存续时间较短（1906—1912），但其管理规则、学堂结构、课程设置等都具有较为完备的体系，教育理念先进、科目设置全面，不仅为广东地区培养了大批法政人才，也开启了广东近代法律教育的先河，但同时也存在着功利性办学理念及盲目移植日本法政教学模式等问题。

关键词：法政学堂　法律教育　广东

一、广东法政学堂成立的历史背景

（一）近代中国的高等教育模式起源

中国近代社会的起源于 1840 年鸦片战争强制打开闭锁的国土大门。以资本主义的萌芽作为近代社会开始的标志，世界范围内是 17 世纪 40 年代的英国资产阶级革命建立的资本主义生产关系，而中国即为鸦片战争。"天朝帝国万世长存的迷信受到了致命的打击，野蛮的、闭关自守的、与文明世界隔绝的状态被打破了"，[1]传统中国蹒跚地、跳跃式地迈入近代社会的大门。因此本文所讨论的内容即为 1840 年后中国近代的高等教育溯源。

传统科举制下，教育的目的逐渐演变为做官求仕，统治者借此用以维护统治、维持社会秩序，即"君子如欲化民成俗，其必由学"（《礼记·学记》），资本主义的发展要求教育为生产、为经济服务培养人才，这就是彼时的社会冲突在教育方面的体现。纵观中国近代教育史，鸦片战争后，由于具备近代化思维的人才严重匮乏，洋务运动率先提倡改革教育，"选才取士之法，贵与时为变通"，[2]变通传统教育制度，快速培养具备外语、技术、军事等技能的专业人才。于是专门培养外语人才的京师同文馆在 1862 年建立，这是中国近代第一所新式学堂，作为专门教育学校，它也被视为中国近代高等教育萌芽的标志。一直到 1898 年戊戌变法前，洋务派在全国范围内开办了数十所培养专门人才的学校，如李鸿章奏办的上海广方言馆、库克吉泰奏办的广州同文

---

* 郭永松，中山大学人力资源管理处。

1　[德]马克思：《中国革命与欧洲革命》，载中共中央马克思恩格斯列宁斯大林著作编译局编：《马克思恩格斯论中国》，人民出版社 1999 年版，第 2 页。

2　朱有瓛：《中国近代学制史料》第一辑上册，华东师范大学出版社 1983 年版，第 16 页。

馆、左宗棠牵头设立的福建船政学堂、张之洞奏办的广东水陆师学堂等。[3]这些学堂虽然规模小、缺乏系统性，也带有浓厚的封建色彩，但作为中国近代出现的首批专科学校，是对传统教育模式的巨大改变，被视为近代高等教育的萌芽阶段。

1901 年《辛丑条约》的落地标志着中国彻底陷入了半殖民地半封建社会，山河破碎、社会动荡，岌岌可危的清廷只能被迫改革，推行"新政"，教育改革成为主要内容，"兴学育才，实为当今急务"。[4]1902 年管学大臣张百熙在紧要关头领清政府命，"上溯古制，参考列邦"，拟定《钦定学堂章程》（又称"壬寅学制"），拟在中国建立起新式学校系统，但因制定较为匆忙并未试行，1904 年在"壬寅学制"的基础上再度拟定《奏定学堂章程》（又称"癸卯学制"），章程创设了一种全新的高等教育模式：横向设置分科学校，纵向设置包括法政学堂在内的研究机构、学堂、预科，横向设置不同科目，旨在培养全面的新式专科人才。由此，高等教育专门学校在全国纷纷建立，"癸卯学制"也被视为中国近代高等教育制度的确定。

（二）法政学堂涌起的历史背景

在晚清政府岌岌可危的同时，曾国藩、李鸿章、左宗棠等地方势力和民间力量逐步崛起，地方实力派的兴起对于晚清政府中央与地方的关系发生了一定的变化，皇权集中受到一定的威胁，政治体系在这个过程中逐渐失序。随着侵略一起进入中国的，还有西方政治思想文化与近代知识体系，传统的高等教育制度也在这个过程中逐步解体。梁启超指出："变法之本，在育人才；人才之兴，在开学校；学校之立，在变科举；而一切要其大成，在变官制。"[5]教育制度开始改革，法政方面派遣留学生赴日学习新式教育，各地也纷纷设立课吏馆、仕学馆等，课程也纷纷"舍工艺趋重法政"[6]。1905 年，伍廷芳、沈家本上奏清政府请求设立专门法律学堂，指出新政推行缺乏储备用律之才，"徒法不能自行，终属无补……亟应广储裁判人材，以备应用"。[7]同年，直隶总督袁世凯奏请设立了直隶法政学堂，旨在改良直隶全省吏治，培养能够佐理新政的人才，[8]开启晚清设立法政学堂的先河。

宏观层面整个社会都处于不得不变的境地，法政学堂的建立作为教育制度改革的一部分也是时代和社会的产物。微观层面关于法政学堂在全国范围内的蜂拥而起需要考量以下因素。

1. 清末修律与地方司法改革

"癸卯学制"从制度设计层面对整个教育学制进行了规定，但里面对于法律教育的设计是从较为笼统、缺乏现实依据的层面出发，在具体推动法律教育发展与法政学堂成立方面的效果比较有限。晚清推行"新政"准备"立宪"的一个重大举措是自上而下的全面修律和地方司法改革，而这对于法政人才的需求显得尤为迫切，因此为修律和司法改革提供人才储备是法政学堂得以涌起的重要原因。1902 年"直隶总督袁世凯、两江总督刘坤一、湖广总督张之洞会保刑部左侍郎沈家本和出使美国大臣伍廷芳修订法律，旨为所请，并谕将一切现行律例，按照通商交涉情形，参

3　朱有瓛：《中国近代学制史料》，第 26 页。

4　赵尔巽等撰：《清史稿》（第一册）卷一百七，志八十二，选举二，学校二，中华书局 1977 年版，第 3128 页。

5　梁启超：《变法通议》，何光宇评注，华夏出版社 2002 年版，第 24 页。

6　舒新城：《中国近代教育史资料》，人民出版社 1961 年版，第 555 页。

7　参见"奏议录要：修订法律大臣伍、沈会奏请专设法律学堂折"，《北洋官报》1905 年第 661 期，第 1—3 页。

8　参见"直隶总督袁世凯奏拟定法政学堂章程规则折"，《东方杂志》1906 年第 9 期，第 212—223 页。

酌各国法律，妥为拟议，务期中外通行，有裨治理"。[9]由此晚清修律的序幕被拉开，沈家本和伍廷芳两位法学家在这个过程中做出突出贡献，法律制度的剧烈变动往往会牵扯到多方利益，他们与封建礼教等派别进行了多次尖锐斗争，最终完成了多本旧律的修改和新律的制定，其中不乏删除奴婢律例、禁止刑讯逼供、禁止买卖人口等条款，[10]具有一定进步意义。与此同时，作为"新政"一部分的司法改革也在全国范围内如火如荼地开展，不仅改革更新司法原则和制度，还改革司法机构设置。1906年清廷在全国范围内颁布《裁定奕劻等核议中央各衙门官职谕》，将大理寺撤销并改为大理院，大理院的设置定性为全国最高审判机关，[11]同年颁布《大理院审判编制法》，设立了法院从中央到地方的分级设置，对应高级、地方和初级审判厅，[12]1907年迅速出台了《各级审判厅试办章程》，将地方审判厅的设置逐步落到实处，[13]1910年由沈家本奏拟的《法院编制法》在全国范围内最终确定了四级三审制的司法审判体系，大理院拥有法令最高解释权。[14]与各级审判机关相对应的也设立各级检察厅，各级司法行政机关以及改革监狱管理体系、建立新式警察制度等。可以看出整个司法改革的体系和思路都是以吸收西方法律制度和司法体系为主线，因此针对与过往迥然不同的司法体制，对于新式法律人才的需求自然是非常紧张的。"法律成而无讲求法律之人，施行必多阻阂，非专设学堂培养人才不可"，[15]修律和司法改革的艰难推进也使得彼时法律人才的培养方式——建立法政学堂，得以成功推行。

2. 科举废除后的士人去向

"新政"在全国范围内开始推行后，科举仍旧照常运行，但因科举为世人渴求功名利禄之所在，尽管改革逐步推进，人们仍旧对于科举趋之若鹜，于是教育层面的新式学堂难以发展，于是以袁世凯、张之洞为代表的各地重臣纷纷上奏，提出改革科举，[16]被清政府所重视，《奏定学堂章程》中体现在科举考试已改八股文为策论的方式存在，但尚未废除。1905年9月2日，清政府发布谕令，"科举不停，民间相率观望，推广学堂必先停科举……自丙午（即1906年）科为始，所有乡会试一律停止，各省岁科考试亦即停止"（《清德宗景皇帝实录597卷》），将育人、取才全部合于学校一途，至此，在中国历史上延续了1300年的科举制度正式废除。科举制的废除和新式法政专门学堂的建立是相辅相成的，学堂的成立和推行需要以废除科举为前提，而科举废除后的考生们，需要通过学堂的新途径步入仕途。根据清廷颁布的《各学堂奖励章程》规定："自高等小学以上，由升学或毕业考试给予奖励，考试结果分最优、优、中、下、最下五等，一般中等以上都给相应的出身奖励，并授以官职或予以升学，按所奖出身大致可以分翰林、进士、举人、贡生、生员五级。"[17]士人参加科举，本质是为了从官入仕，而当科举废除后，法政学堂直接替代了科举从仕之路，同时因法政学堂普遍学习时间较短，且设置速成科，所以吸引了大批读书人转读法政学堂。

9　同前注4，《清史稿》（第一册）卷一百四十二，志一百十七，刑法一，第4181页。

10　参见"变过行刑旧制议"，收于沈家本：《寄簃文存》卷一，商务印书馆2017年版。

11　故宫博物院明清档案部编：《清末筹备立宪档案史料》（上册），中华书局1979年版，第471页。

12　商务印书馆编译所编：《大清新法令1901—1911》，商务印书馆2010年版，第381页。

13　中华书局影印：《清德宗景皇帝实录》，卷之五百八十一，中华书局2012年版。

14　参见"法部奏各级审判厅试办章程"，《北洋法政学报》1907年第51期，第1—29页。

15　［日］冈田朝太郎：《法学通论讲义》，伍廷芳译，1908年。

16　参见"直隶总督袁盛京将军赵两湖总督张署两江总督周署两广总督岑湖南巡抚端奏请立停科举推广学校并妥筹办法摺"，《东方杂志》1905年第11期，第267—272页。

17　张海鹏主编：《中国近代通史》第五卷，江苏人民出版社2013年版。

二、广东法政学堂的诞生

(一) 奏设时间考

对于广东法政学堂具体奏设时间，普遍存在三种观点，一是光绪三十一年十一月二十三日 (即 1905 年 12 月 19 日)，[18]依据是时任两广总督岑春煊在光绪三十一年十一月二十三日上请将广东课吏馆改为法政学堂的奏折，"奏为现将广东课吏馆改办法政学堂，讲求新政，以储人才"。[19] 同时，《中山大学法学院概况一览 (1905—1924 年)》记载"本校造端基于光绪三十一年乙巳岁十一月两广总督岑公春煊广东学院于公式枚合词具奏请以广东课吏馆改设广东法政学堂……"[20]，是中山大学及学界主流意见所认可的创立来源。二是光绪三十一年十二月二十日 (即 1906 年 1 月 14 日)，据光绪朝实录记载，光绪三十一年十二月二十日，"戊午，署两广总督岑春煊奏将广东课吏馆改办法政学堂，讲求新政，以储人才。下部知之。"(《清德宗景皇帝实录597卷》)，同样的时间，《广州市志》中写到"1906 年 1 月 14 日，粤督岑春煊奏请将原广东课吏馆改办法政学堂，讲求新政，以储人才，获清廷批准"[21]。《广州市志》与光绪朝实录的记载时间能形成对应。三是光绪三十一年十二月二十三日 (即 1906 年 1 月 17 日)，依据是广东法政学堂成立后创办的学术刊物《法政丛志》，刊物在首册"校记"部分记载了学堂请奏的时间，"光绪三十一年十二月二十三日具奏，三十二年正月十四日差弁赍回原折奉"[22]。刊物作为学堂自身创办推出的学术期刊，其记载的时间具有一定参考价值。

奏设时间考证为光绪十一月或是十二月，直接影响到按公历纪年的学堂奏设时间是 1905 年或是 1906 年。两广总督岑春煊的奏折记载的十一月二十三日可认为是原始资料具有认证价值，光绪朝实录记载的十二月二十日"下部知之"为光绪帝的活动记录，不能直接作为呈奏时间，而《法政丛志》记载的十二月二十三日，或是旧时奏折的提交、审理以及批处等相关程序耗时较长，因此在史料记载的时候时间登记有误。关于学堂筹备完成后的正式开学时间则是各方史料记载的都无二致，"丙午 (光绪三十二年) 二月，东渡访聘日本教员……春抄告成，五月初一日行开学。"[23]综上所述，广法政学堂的奏设时间应为光绪三十一年十一月二十三日，正式开学时间为光绪三十二年五月初一，计算学堂时期实际上应从开学之日起，即 1906 年 6 月 22 日。

(二) 办学经费来源

在岑春煊的奏折获得朝廷批准后，被聘为首任监督的夏同龢踌躇满志，四处奔走为学堂的创

18　中山大学法学院溯源院史时认为："中山大学法学院肇始于 1924 年孙中山先生手创的国立广东大学法科学院。其历史还可追溯至晚清的广东课吏馆，1905 年广东课吏馆更名为广东法政学堂……"中山大学曾在 2005 年举办法政学科百年庆典也将学科根源定于广东法政学堂成立年份 1905 年。

19　参见岑春煊："奏罢课吏馆改设法政学堂折"，收于中国第一历史档案馆编：《光绪朝朱批奏折》第 105 辑，中华书局1996 年版，第 703 页。

20　参见《中山大学法学院概况一览 (1905—1924 年)》，广东省档案馆藏，全宗号 20，目录号 1，案卷号 15，1924 年。

21　广州市地方志编纂委员会编：《广州市志》，广东人民出版社 1999 年版。

22　张树枬编辑：《法政丛志》，"校记"部分。

23　同前注 20。

建而努力，但学堂的建设需要大量经费和资源，官方经费来源可见广东省档案馆存《广东大学沿革一览》中记载，学堂建成后的运行经费"由善后局支发，每月约七千元"[24]，另外在广东清理财政局编订的《广东财政说明书》也指出学堂"在善后局海防经费下拨解，不敷由公所经费项下补助。"[25]由此大概可计算出官府能够给予学堂的全年经费预计大约在八万两。值得注意的是，《广东教育官报》中刊登的宣统二年（即1910年）学堂的每月经费为四千余两[26]，这一点与《广东财政说明书》中记载的1908年广东财政全年实际拨付给法政学堂的款项34 511.735两和1909年实际拨付的47 777.602两的数额较为对应，[27]由此可见学堂成立后由于政府财政税收政策的调整，以及学堂本身的实际运营情况，经费与一开始的预算计划有相应减少。学堂选址一开始由广东课吏馆改为广东法政学堂后，又奏请改建广东学署东偏号舍为堂，直到1907年，时任广东提学司沈曾桐请收回学署，学堂又搬迁校址到广州天官里后街，如今广州市越秀区法政路一带。学堂搬迁都需要耗费大量银钱，特别是天官后街一带最初仅是菜地鱼塘等民地民产，需要重新投入平地修建校址校舍，而使得夏同龢将学堂选址于此的重要底气在于他有一定的建设经费——香港富商王颐年捐助的七万银两。根据《番禺文史资料》第8辑记载，王颐年与夏同龢颇有交情，因敬重读书人，曾捐助一千两资助夏同龢赴京科考，更是捐赠七万银两作为广东法政学堂筹建经费，[28]岑春煊为此特为感动向光绪帝请奏表彰其资助办学的伟绩，"番禺职监王颐年捐助法政学堂经费银七万两已由前署督岑元帅奏请以道员双月选用并赏给二品顶戴及给予三代正二品封典以示优异"。[29]经费问题得到解决后，"夏公谋及斯地，商请于当道"，获批修建后便于宣统元年（即1909）二月，最终定于天官里后街的学堂正式落成启用。

三、生源与教职工

（一）民盛官衰的生源结构

清末新政推行之际，袁世凯、张之洞等奏请立停科举，以便推广学堂，咸趋实学。1905年9月，清政府发布上谕，宣布停科举以广学校，代表在中国历史上延续了1300年的科举选拔制度正式废除。各地法政学堂的蜂拥而起及广东法政学堂的成立，一方面是为了推行新政培养足够的新式法政储备人才，"学以养成立法、司法、行政之才渐祈普及全粤，使宪政推行尽利，是为本学堂教育之旨"，[30]将现任各级政府的候补官员纳入学堂名单，做以提前训练学习。另一方面也留出学位为容纳科举后暂时没有前进空间的大部分举子考生，给希望踏入仕途的传统士绅学员提供途径。因此学堂最初的生源构成即两部分：在职官吏与各地生员。

24　《广东大学沿革一览》，广东省档案馆藏。"善后局：清代后期，在有军事的省份中，通常设有处理特殊事务的机构，称善后局。督、抚可以不按常规，支款办事。"

25　广东清理财政局编订，广东省财政科学研究所整理：《广东财政说明书》，广东经济出版社1997年版，第610页。

26　参见"广东学务表"，《广东教育官报》1910年第7期，第187页。

27　同前注25，广东省财政科学研究所整理：《广东财政说明书》，第614页。

28　参见何品端：《我所知道的"孖毡旗"王颐年》，载番禺政协文史资料委员会编：《番禺文史资料》第8辑，1990年，第88页。

29　参见"各省教育汇志"，《东方杂志》，1906年第13期，第407—411页。

30　广东法政学堂：《广东法政学堂章程》，1906年。

根据《广东公立法政专门学校杂忆》记载，学堂开办之初，官吏学员是定额招收，道府十五名，同知、通判、知州、知县、佐杂等共一百二十五名，地方学员定额招收一百二十五名。因学堂筹设宗旨即为广东省司法行政储备人才，所以管理非常严格，同时强制要求人员报考，"凡在广东实缺，候补道厅州县佐杂各班官员，不拘年龄，除了曾在外国法政学堂卒业，以及在本任现充要职，不遑来学各员外，其余无论有无例差，分道分府，须一律来学堂报名投考。至于广东全省各府厅州县地方绅士年在五十以下二十以上，国文通顺，品行端方者，亦须由各地方报送投考。"[31]如果在职官吏应当赴考但未考，或已经考取了也不就读，全部都要记过停职，同时仍旧通过各种方式勒令受学，所有学员没有成功毕业前不能委以任何差任。事实上可以看出，学堂刚刚创立之初的生源都是靠政府力量强制入学的。根据《广东法政学会同人录》记载，学堂 1906 年至 1907 年在校生中，各班在校人数共计 704 人，其中官吏学员 153 名，占全部比例的 22%，各地生员共 551 名，占比 78%。[32]由此可见，因各种原因导致实际招生中官生数量并未与学堂设立之处所预想一致，1906 年 7 月 20 日，岑春煊上奏请求朝廷调遣外省官生前往广东法政学堂就读，"法政学堂考选候补、试用各员入堂肄业，竟难如额……请旨敕下吏部拣发州县五十员来粤，务须年在四十以内者。"[33]在官生无法足额的情况下，自然也让渡了更多的入学机会给民生，因此学堂的生源结构主要为民盛官衰，大批量未经官场训化过的青年学生保持着对新鲜事物的高度吸收能力，为学堂带来了足够的生机和活力，在动荡的时代背景下容易出现具有代表性的人物，例如陈炯明、邹鲁等人。

（二）教职工情况

1. 日本法政教育背景为主的师资结构

自从日本从 1896 年开始接受中国清朝留学生开始，留学生人数逐年增加，在这个过程中也逐步有日本的老师被聘请到中国讲学任教，"吾同胞应中国之招聘，于彼地之学校执教鞭者，人数不少……若将在中国而受日本之教育者与在日本留学者合共计算，总数恐达数万。"[34]到中国讲学任教的日本教员被称为"日本教习"，据统计，清末民初的"日本教习"多达六百人，[35]这些人大都分布于全国各地独立学堂，以师范学堂和法政学堂尤为重点聚集的代表。

广东法政学堂在建立之初，考虑到当时国内并无足够合适上台教授近代法政思想与课程的人才，同时具有宪政思想的岑春煊对于学堂的定位较高，希望通过学堂实现整顿吏治，推行新政。但传统教育模式不可能产出足够的具有新式法政思想的人才，故教师基本上都是由日直接聘请的日本教习和日本归国留学生组成。在全国范围内都盛行聘请日本教习风潮的推动下，1906 年 2 月，夏同龢作为广东法政学堂的首任监督，带队"东渡访聘日本教员"，[36]作为学堂首次开班的任

31　参见汪祖泽、莫擎天：《广东公立法政专门学校杂忆》，收于中国人民政治协商会议广东省广州市委员会文史资料研究委员会编：《广州文史资料》第 52 辑，广东人民出版社 1980 年版，第 306 页。

32　参见"广东法政学会同人录"，载陈建华、曹淳亮主编：《广州大典》，第 37 辑·史部政书类第三 33 册，广州出版社 2008 年版。

33　中国第一历史档案馆编：《光绪朝朱批奏折》第 105 辑，中华书局 1995 年版，第 703 页、704 页、747 页。

34　参见日本《中央公论》第 20 卷第 1 期，1905 年 1 月。转引自［日］实藤惠秀：《中国人留学日本史》，谭汝谦、林启彦译，生活·读书·新知三联书店 1983 年版。

35　［日］实藤惠秀：《中国人留学日本史》，谭汝谦、林启彦译，生活·读书·新知三联书店 1983 年版，第 70 页。

36　同前注 20。

课老师，借此以提高学堂声望与含金量。根据《法政丛志》关于法律速成科甲班毕业考试情况统计，其中课程教员为日本的有松山丰造、关山富、村中清司、藤田织造等。以松山丰造为例，他是原日本第五高等学校教师，[37]被聘为学堂教员后担任《公法通论》《宪法》《国际公法》等课程的教师，是学堂日本教员中的典型代表。在日本归国留学生里面选任教员的主要代表有朱执信、李文范、汪精卫、胡汉民、陈融等，据不完全统计数据，夏同龢至少聘任了二十余位从日本法政大学留学毕业的留学生回国作为学堂教员，主要由日本教员和日本留学生组成的教员队伍使得学堂拥有较为雄厚的师资力量，以至于在广东法政学堂短暂的六年里，学堂不断扩大与发展，在学堂外还开设校外班，共计受益人达数千人，对当时广东社会新式法政思想的推行奠定重要基础。

2. 教职员设置与薪金

清末新式学堂的管理体制以及行政职员设置，主要是学习仿照日本学校体例，除学堂监督由地方政府奏请朝廷核准派任外，堂内其余人员均由监督量才延聘委用，应聘外国教习悉由监督与订合同，[38]这一体例和设置全国统一。薪资方面，除去个别捐赠之外，学堂日常开支经费均由政府支出。作为两广总督岑春煊与广东学使于式枚联合请奏设立的官立法政学堂，其主要负责人为学堂监督，"监督统辖节制各员，主持全堂一切事物"，每月薪水由政府规定为三百两，其下教员、堂员工资并无政府层面的定额要求，由学堂自主设定。

行政职员方面，学堂开办时设有提调官，提调为地方教育管理掌握实权的官员，是地方教育管理体系的领导层，月薪一百四十元，1907 年改称为教务员，薪资不变；设有帮提调兼稽核官，职位设置为承担部分提调工作，同时兼任学堂稽查监督，月薪二百元，1907 年改称为庶务长，权限是统率全部职员；设有九名监学官，1910 年更名为管课员，月薪在五十元到一百元不等；设有六名文案官，月薪都为五十元，1912 年改称为文牍员，设正副职位，月薪分别是七十元和四十元；设有一名会计官，月薪也为五十元，1912 年加薪至七十元；1907 年设立掌书一名，月薪五十元，主要负责管理学堂图书馆书籍及总务秘书；1908 年设立印刷所长一名，月薪五十元，但1912 年开始因学堂讲义停发而废止；1908 年设校对讲义员两名，月薪三十元，同样于1912 年废止。[39]由此可见，广东法政学堂的行政管理人员以及体系较为分明，在监督的主要领导下，职员各司其职共同推动学堂发展与扩大，可列表如下：

表 1　广东法政学堂（1906—1912）内部行政职员设置及月薪

设立年份	职　位	人　数	薪金/元、两	备　注
开办时	监督	1 名	300	由政府明确规定薪金
开办时	提调官	1 名	140	1907 年改称为教务员
开办时	帮提调兼稽核官	1 名	200	1907 年改称为庶务长
开办时	监学官	9 名	50—100	1910 年改称为管课员
开办时	文案官	6 名	50	1912 年改称为文牍员

37　沈殿忠：《日本侨民在中国》（上册），辽宁人民出版社 1993 年版，第 466 页。

38　参见"京师法政学堂章程"，《东方杂志》1907 年第 11 期，第 255—256 页。

39　同前注 20。

设立年份	职　位	人　数	薪金/元、两	备　注
开办时	会计官	1 名	50	
开办时	检察官	2 名	50	1907 年废止
开办时	集务官	3 名	50	1912 年废止
开办时	书手	1 名	14	
1907 年	编译	1 名	50	1912 年改称为编辑员
1907 年	掌书	1 名	50	
1908 年	印刷所长	1 名	50	1912 年废止
1908 年	校对讲义员	2 名	30	1912 年废止
1912 年	庶务员	1 名	70	

资料来源：《中山大学法学院概况一览（1905—1924 年）》。

学堂自成立以来，职员设置根据实际情况较为多变，例如印刷所长与校对讲义员，1908 年设立仅存在了四年，1912 年因学堂讲义停发而废止，一直到学堂改为广东公立法政大学，再到 1924 年国立广东大学成立，相应的岗位才跟随大学的设置而较为固定。职员设置的多变也印证着时代的动荡与学堂的发展变迁，在夏同龢监督的带领下，广东法政学堂逐步成形并壮大。

教员方面，薪金主要分为三种群体分别支付。一是专聘的日本籍教员，需要单独与其签订契约，每月薪金在二百元或三百元，优秀者可与监督齐平；二是非公费留学的教员每月薪金二百元；三是公费留学的服务教员因留学已经接受了政府大力资助，在薪金方面考虑义务服务层面原因，薪金都以每小时一元六角计算，具体以上课时长为计算依据。

四、教学、科研与社会服务

（一）教学情况

1.《奏定学堂章程》中的法律教学体系指引

清末全国法政学堂的制度根基溯源是 1902 年清廷公布的《钦定学堂章程》，由于该章程是慈禧太后为担心维新变法影响学堂，特派大臣张百熙紧急制定章程取代维新派在此之前所推出的学堂章程方案，由于本身不足加彼时清廷内部权力斗争，章程并未实施。但章程中规定各省高等学堂按照培养大学堂预科生为目标分为政治科、文艺科毕业后分别进入不同大学堂科目学习，大学堂分为包括政治科、工艺科、医术科、格致科等七个科目教学，政治科目含政治学和法律学。可见法律学在章程中的定位属于大学教育内容，但并未单列学科门类有一定局限性，同时也说明法律学不占据重要地位。随后在 1904 年再次发布了《奏定学堂章程》，作为中国近代第一个以教育法令公布并在全国实行的学制，它对全国法政学堂的创设起到了制度指引的作用。《奏定学堂章程》从总则和分则入手，既有《各学堂管理通则》《学务纲要》《任用教员章程》等统一性条款，也有《奏定初等小学堂章程》《奏定中学堂章程》《奏定大学堂章程》等具体性条款，从立法技术上讲，其对于教育规范的制定已经具备了较高水平，同时虽借鉴了日本的教育体制，但整体仍以"中学为体，西学为用"为宗旨。《奏定大学堂章程》中规定，大学堂设立政法科、文学科、经学科、格致科等八门学科，政法科与医学门要修读四年，政法科同样分为政治门和法律门，法律门主学科目有法律原理学、大清律例要义、中国历代刑律考、东西各国法制比较、各国宪法、各国民法及民事诉讼法等。

可以看出，在全国推行的学制引领下，新式法政学堂的创设具有纲领性的文件要求与指引，具有足够的制度和法律铺垫，体现了政府对教育的逐步重视，随后全国法政学堂的教学体系都以此为基准开班教学，广东法政学堂亦是如此。

2. 设科分班

在班级设置方面，按照《奏定学堂章程》要求，在模仿日本法政速成科的基础上，借鉴直隶法政学堂的经验设置而成。据档案记载，学堂 1906 年开班之时，班级有法律速成科两年制；讲习科一年半学制；特别科三年制；法律预科分为甲、乙、丙不同班级，甲班乙班预科两年、丙班预科一年后转入正科继续修读三年。具体应如表 2：

表 2　1906 年学堂开办时所设科目班别

开班时间	类　别		学　制	备　注
1906 年	速成科		2 年	
	讲习科		1.5 年	专为候补学员而设，不收取学费还给予补贴
	特别科		3 年	后改称为别科，1920 年废止
	预科	甲班	2 年	
		乙班	2 年	
		丙班	1 年	
	正科		1 年	

资料来源：《中山大学法学院概况一览（1905—1924 年）》。

根据当时报纸刊载，学堂于"光绪三十二年开班政治别科乙班、理财别科甲班，又于三十三年四月开办理财别科乙班……"[40]，同时《广东法政学会同人录》也有记载，1906 年至 1907 年，学堂在读的班级速成科甲乙两班、行政科甲乙两班、法律本科、理财科甲乙两班、理财科夜班、预科甲乙丙丁四班。共计十二个班级，与表 2 记载不同的地方在于行政班和理财班并未算在内，究其原因则是因为班级开设后有动态调整，入学和毕业时所设置班级也有变更，加之资料出版时间不一，所以不同时段的班级设置有所差异。

直至民国十二年（即 1924 年合并改为国立广东大学前），毕业学生共计三十八班，其中法律速成科甲乙两班，法律讲习科甲乙丙三班，政治别科甲乙两班，理财别科甲乙两班，法律别科甲乙丙（含两小班）四班，法政别科甲乙丙丁戊五班，法律本科（创办时的正科）十五班，政治正科一班，政治经济本科甲乙丙三班，法政讲习班一班。

40　参见"奏为复核广东法政理财别科甲乙各班毕业试卷酌定等第循章请奖恭折仰祈"，《广东教育官报》1911 年第 5 期。

表 3　截至 1924 年改大学前学堂班级设置情况

类　别	学　制	数量/班
法律速成科	2 年	2
法律讲习科	1.5 年	3
政治别科	3 年	2
理财别科	3 年	2
法律别科	3 年	4
法政别科	3 年	5
法律本科	3 年	15
政治正科	3 年	1
政治经济本科	3 年	3
法政讲习班	1.5 年	1
合　　计	38 班	

资料来源:《中山大学法学院概况一览（1905—1924 年）》。

可见，从学堂开办到 1912 年改为广东公立法政学校，再到 1924 年合并为国立广东大学，班级设置一直处于变动状态，发展至合并为大学前已经形成足够的法律、政治和经济科别的学习规模，堂内学生具有学习其他相关学科的条件，是近代中国综合性人才培养的重要迹象。

3. 课程设置

如果说晚清法政教育的推行和普及大都从日本学习，日本法政大学速成科实际上也是专门为晚清留学生开设的课程班，"今清国锐意维新……特设法政速成科，授以法律、政治、经济必要之学科。"[41] 以夏同龢所就学的法政速成科第一班为例，所开设课程大致如下：法学通论及民法、国法学、刑法、国际公法、裁判所构成法、经济学、商法、行政法、民刑诉讼法、国际私法、财政学、监狱学。《奏定学堂章程》中对于法律学门科目做出一定列举，主课包括法律原理学、大清律例要义、中国历代刑律考、中国古今历代法制考、东西各国法制比较、各国宪法、各国民法及民事诉讼法、各国刑法及刑事诉讼法、各国商法、交涉法、泰西各国法，除主课外仍开设有补助课如全国行政机关学、全国人民财用学、国家财政学，学完四年后呈出毕业课艺及自助论说，即与我们现在大学本科四年结束后需要撰写毕业论文或做毕业设计才能毕业类似。比较两者所列科目可以看到《奏定学堂章程》中对于比较法律学习的启蒙，以及主副修课程的设置是亮点。

夏同龢作为晚清第一个身怀法政救国自费留学日本的状元，不仅在学期间表现优异，回国之后将日本最新法政理念运用到全国第二个创办的法政学堂，所以学堂的课程设置在一定程度上是先行者。1911 年，时任广东提学使秦树声与监督共同提请学部审阅学堂课程，"宣统元年办正科三班，宣统二年开办别科四班均系按照学部奏定课程办理，并查照前贵司移行部章于正科课程内各加法院编制法一门，与别科课程内加监狱学、破产法、民事诉讼法、刑事诉讼法、法院编制法五门"，[42] 学部经审核确定后，为注重主要起见，决定在全国开列正科主课表，各省法政学堂应分

41　［日］法政大学史资料委员会:《法政大学史资料集第十一集》，东京法政大学 1988 年版，第 2 页。

42　参见"学部前核复法政学堂监督情定主课辅助课之别文"，《广东教育官报》1911 年第 20 期。

别厘清正科教学，以修改后的广东法政学堂正科主课表为参考，令各省遵照办理。[43]因此可见得广东法政学堂的课程设置在全国范围内都具有一定的先进性。

表4　广东法政学堂各科班级课程表

班级科别		课程安排	课　时
法律速成科		人伦道德、法学通论、经济学、宪法、大清律例、大清会典、刑法、行政法、民法、商法、刑事诉讼法、民事诉讼法、监狱学、警察学、财政学、国际公法、国际私法	两学年合计128节课
法律特别科		人伦道德、大清律例、大清会典、法学通论、比较宪法、民法、刑法、国际公法、理财原论、商法、民事诉讼法、刑事诉讼法、裁判所构成法、财政学、比较行政法、破产法、国际私法、监狱学、日本文语、体操	三学年合计108节课
政治特别科		人伦道德、大清律例、大清会典、法学通论、理财学、宪法、行政法、民法、刑法、商法、民事诉讼法、刑事诉讼法、裁判所构成法、警察学、监狱学、国际公法、国际私法、财政学、政治学、论理学、世界近世史、东文、体操	三学年合计108节课
理财特别科		人伦道德、法学通论、政治学、宪法概论、刑法要论、民法要论、商法要论、国际公法、国际私法、行政法大意、理财学原理、信用论、货币论、外国交易论、农政学、工业政策、交通政策、商业政策、商业通论、财政学、租税论、预算论、公债论、统计学、殖民政策、簿记论、理财史、理财学史、中国财政史、外国财政史、英文、东文、算学、体操	三学年合计108节课
预科		人伦道德、中国文学、中国历史、外国历史、政治地理、论理学、英文语、东文语、奥地、算学、理化、法学通论、理财学大意、体操	两学年合计72节课
正科	政治门	人伦道德、大清会典、政治学、政治史、比较宪法、比较行政法、地方自治论、民法要义、刑法总论、商法要义、国际公法、国际私法、中国理财史、纯粹理财学、应用理财学、理财学史、财政学、社会学、外交史、统计学、簿记学、商业通论、英文语、日本文语、体操	三学年合计108节课
	法律门	人伦道德、大清律例、大清会典、法理学、比较宪法、民法、刑法、国际公法、理财学原理、罗马法、商法、民事诉讼法、刑事诉讼法、财政学、行政法、破产法、国际私法、中国法制史、外国法制史、英文语、日本文语、体操	三学年合计108节课

资料来源：《法政丛志》校记部分。

从课程可知，除去速成科两学年需要学习128节课之外，其他所列科目学制皆为三年且共计课时数也相对较少为108节课，需要学习的科目较之当今社会的法学教育也只多不少，并且各科目都有涉及历史、语言、文学等基础学科，也包括了经济、财政、体育等交叉学科，法律人才的培养从近代开始便是以综合性全面发展为出发点，这仍旧值得我们现在法学教育模式思考和学习。

（二）学术研究与社会服务

学堂遍请具有近代法政观念的日本教员、留学教员到堂任教的同时，也鼓励学生解放思想，兼收并蓄，对于学堂师生的教学及学术研究活动大力支持。

（1）鼓励学术交流

《广东法政学堂管理细则》中记载，"听讲有疑义时须等课毕起立质问，等教员答毕然后就坐"，针对疑问随时提出并由老师专场解答，学堂不仅鼓励学生在课堂上积极发言讨论，在学堂

43　参见"学部札行各省法政学堂正科之法律政治经济三门核定主课另表开列饬遵照文"，《浙江教育官报》1911年第89期。

创办的代表性学术刊物《法政丛志》上甚至直接载明"质疑规则":"凡本校学生及购阅本校法政丛志者,于法律政治经济范围内如有疑义者,可投书质问,由本校教员及本志撰著员择要应答。"[44]积极倡导和鼓励学术交流和思想交锋,借以深化学术研究,传播新式法政理念,在此环境下,尽管现实条件有限,但学堂的教员们却极为活跃。

(2)出版学术成果

足够的政策和基础条件支持,良好的学术环境,积极的学术研究人才,这一切是学术研究出成果的基石,学堂存续的六年里,不仅发行了自己的学术刊物《法政丛志》,还将堂内堂外课上所讲述的内容编辑成讲义录出版发行,《广东法政学堂讲义录》及《广东法政学堂校外讲义录》,内容涵盖所有学堂科目课程所讲的内容。根据学堂规则要求,《广东法政学堂讲义录》应是将在堂学员听课记录内容编辑而成,但现已无法找到完整的留存材料,代表性的仅有陈融编述的《律例通诠》一书,该书以总论和分论为基准,系统阐释了律例研究的目的及范围,阐述了律例的性质及其关系等,[45]体系跟当今社会主流刑法学教材相似。学堂保存较为完善的是校外讲义录,收录当年学堂所有校外开班的讲课内容,该讲义共十七册教材,还发行向广东省内乃至全国各地,产生较大影响。

(3)参与社会服务

学术研究作为社会进步的智囊,其存在应是与社会紧密相连的共同体,所有象牙塔的研究最终落到实际,理论研究也好,实践研究也罢,对于社会智识的提高就有其效果意义。学堂的学术氛围以课堂为中心,以教员学员为焦点,逐步向社会发散。光绪三十三年(1907)十一月,学堂成立了广东法政学会,主要会员为学堂共同上学的学员,"凡校外有关于法政之毕业或修业证书者,得会员二人以上之介绍,经评议会许可,得会员处同等之地位",[46]非本校学员若为同为法政人可受会员推荐入会,学会的宗旨是集合全体接受过新式法政思想的群体以共同研究为国家立宪及地方自治提供参考基础。学会以讲习、编译、调查、置图书馆广收参政书籍及办法政学报为工作内容,期望在全省乃至全国范围内推行法政,研究法政,但遍查资料也并未找到学会的相关成果,是为一大遗憾。

如若晚清推行宪政在教育方面是大兴法政学堂,那么在社会治理方面的更新则是在全国范围内大力推行地方自治。1908 年,清政府颁布《城镇乡地方自治章程》,赋予地方自治权力,"以本乡之人办本乡之事",[47]辅佐官治,培养自治人才,推行法政。同时要求地方各级政府,包括府、厅、州、县都要设立地方自治研究所,用以研习宪政、传播新式法政知识。而广东法政学堂作为当时广东省内培养法政人才的重镇,实际上也并无其他可选择人才的地方,于是广东地方自治研究所便从法政学堂抽调和安排教员担任研究所要职,根据《广东地方自治筹办处第二次报告书》记载,时任广东法政学堂监督的夏同龢被聘任为首任所长,学堂教务长曾昭声担任

---

44 张树枬编辑:《法政丛志》,"质疑规则"部分。

45 参见陈融:《律例通诠》,广东法政学堂发行。载陈建华、曹淳亮主编:《广州大典》,第 37 辑·史部政书类第 30 册,广州出版社 2008 年版。

46 参见《广东法政学会章程》,载陈建华、曹淳亮主编:《广州大典》,第 37 辑·史部政书类第 32 册,广州出版社 2008 年版,第 577 页。

47 参见《城镇乡地方自治章程》,载商务印书馆编译所编:《大清新法令 1901—1911》(点校本第一卷),商务印书馆 2010 年版,第 98 页。

研究所教务长，[48]那自然而然，研究所的教员大部分也仍然是从广东学堂选派担任，从研究所毕业的学员"充任各厅州县的自治研究所教员，或协助地方官办理自治事务"[49]，广东法政学堂对此起着重要作用，研究所讲义录也通过编辑发行，学堂教员包括张树枏、杜之杕、黎庆恩等分别在研究所所编《广东地方自治研究录》上发表题为《论中国地方自治之起源》《论官治与自治之界限》《地方自治制要论》等文章，积极推行新思想，普及新观念，为地方立宪和推行法政做出重要贡献。广东法政学堂另一重要社会服务是为广东司法研究馆提供人员及物质支持，1909 年由审判处筹办的广东司法研究馆同步在学堂内部开办，司法馆的教员大部分仍从学堂教员中抽调，该馆在全国范围内都走在前列，司法研究馆"广东课程最为美善，浙江亦可以筹备，力求完全，江苏则不免敷衍"[50]。由此可见，广东法政学堂在参与社会服务方面在全国范围内都比较出色，近代法政先驱地位进一步巩固。

五、评价与启示

清末民初，中华法系日渐解体，西方的法政思想、法学理论和法律制度逐步被我国引进和吸收。知史明鉴，本文讨论的广东法政学堂是晚清法政学堂的代表之一，还原其设立、发展历程及办学全貌，可以借此探究晚清广东地区法律教育的地方实践，并希望从中得到某些历史启示，吸收并蓄。

（一）历史作用

1. 启蒙近代广东法律教育

中国古代法律依托于行政，政府首脑直接掌握行政、司法等全部的权力，在儒家"德主刑辅"治国理政的基本精神下，法律作为统治阶级辅助统治的工具，法律教育并无足够的地位，也都归属于儒学教育体系，即便在最辉煌的唐宋年间，在贞观六年（632 年）"戊子，初置律学"，后在显庆三年（658 年）"废书、算、律学"（《旧唐书》），随后虽又复置，但同样无主要地位，时断时续不稳定的状态也同样说明律学地位低微。近代广东的法律教育若细究起源，可追溯至同治三年（即 1864）开办的广州同文馆中开设的"万国公法"课程，广州同文馆的设立是鸦片战争后的中国急需精通"西文"之人，"欲悉各国情形，必先谙其言语文字，方不受人欺蒙"[51]为学习外语，在全国范围内开设同文馆。同文馆一开始只为教授外语而设，随后增开世界史地、数学、万国公法、天文等课程，逐步从单一学科向综合学科学堂发展。万国公法课程率先在广州开设，标志着近代广东法律教育由此起源，但此时仍是作为附属课程并不受重视。同样在 1902 年《钦定学堂章程》颁布后，清政府"废科举兴学堂"，广东高等学堂在"政科"下面开设"法律"课程，隶属于政科并无独特地位。一直到晚清以维新派为代表的知识分子认识到中国的问题在于

48　参见《广东地方自治筹办处第二次报告书》，载陈建华、曹淳亮主编：《广州大典》，第 37 辑·史部政书类第 42 册，广州出版社 2008 年版。

49　方志钦、蒋祖缘：《广东通史》近代下册，广东高等教育出版社 2010 年版，第 284 页。

50　欧阳湘：《近代中国法院普设研究：以广东为个案的历史考察》，知识产权出版社 2007 年版，第 129 页。

51　参见爱新觉罗·奕訢："奏设同文馆折"，转引自舒新城：《中国近代教育史资料》（上册），人民教育出版社 1981 年版，第 115 页。

制度，"大地诸国，皆以变法而强，守旧而亡"，[52]所以推动朝廷推行新政，进行宪政改革，为此则需要培养大批具有新式思维的法政人才，加之科举选官制度废除后，仕子求仕之途被关闭，才有了法政学堂在全国的全面铺开兴盛。广东法政学堂作为专门的教授新式法政知识的法律教育机构，从办学理念、学堂管理、课程设置等各方面都具有一定近代学校设置体系的基础，尽管学堂仍存在不足，但其对于近代广东法律教育的启蒙和奠基作用是值得肯定的。

2. 培养大批法政人才

清末全国法政学堂开办风潮之盛，或可从数据中窥见端倪，根据清政府学部总务司编第三次教育统计图表统计，截至 1909 年，全国共有高等教育层次的学堂 127 所，学生总数 23 735 人，而这其中法政学堂共 47 所，学生总数 12 282 人。[53]本文的研究对象广东法政学堂自开班到改办，仅存在了 1906 年至 1912 年六年时间，民国元年广东法政学堂改称为广东公立法政专门学校，学堂管理及课程教学等都进行了相应的调整变更。但在这短短六年里，学堂却为广东培养输送了包括教员和学员在内的大批优秀法政人才。当社会急需具有法政知识背景的人参与到新政推行中时，部分师生走上仕途投身政界参与地方治理，出任广东各级司法审判机构职务。因毕业生人数较多，到 1910 年，"毕业学员达千人，分配至全省各道府、州县充任裁判、理财、交涉、学务等要政"。[54]较为典型的有例如金章、曹受坤等先后出任高等审判长或地方审判长；[55]中华民国时期军政代表人物之一陈炯明，同样是广东法政学堂校友，在读期间在法律速成科甲班以最优等生成绩毕业。[56]以广东审判厅为例，1911 年广东审判厅的任职人员，基本上北京法律学堂和广东法政学堂为主，全厅 18 人，毕业于广东法政学堂的 9 人。

除在司法部门任职之外，部分师生还参与到了辛亥革命，直接投身到了这场推翻帝制、建立共和的斗争之中，例如学堂教员朱执信直接加入同盟会，并被选任评议部议员兼书记，跟随孙中山为革命而奋斗并英年早逝，现在广东省著名的执信中学也是为了纪念他所创；武昌起义第一枪打响后，法政速成科第四班学员汤化龙出任军政府政事部长，第五班学员黄中恺出任外务局长，张国溶出任编制局局长，为革命事业做出重要贡献。[57]部分师生也继续参与到法律教育事业中，1912 年学堂在改为公立法政专门学校后，学堂原教员陈融、区大原、叶夏生、张乃璧、金章、吴英华、黎庆恩都先后担任校长，1924 年公立法政专门学校合并进国立广东大学，1926 年更名为国立中山大学，而原法政学堂学员邹鲁更是担任首任校长。

3. 服务社会变革进步

从古至今，教育始终都是为培养人才、服务社会而创设，以此为宗旨的广东法政学堂自然也做出了它的贡献。社会通常也蕴含了多个侧面，现实生活中发生的一切我们都可称之为社会，但若从变革层面予以凝练，或可从制度的革新、创设与社会观念的更新两个维度讨论。

依托于广东法政学堂创设的广东全省地方自治研究所及广东司法研究馆不仅培养了大量的地方司法人才，也在地方制度创设与更新方面发挥了重要作用，一定程度上推动晚清的广东成为全

---

52 参见康有为："上清帝第六书"，转引自汤志钧编：《康有为政论集》，中华书局 1998 年版，第 211—217 页。

53 汤能松等编著：《探索的轨迹——中国法学教育发展史略》，法律出版社 1995 年版，第 135 页。

54 参见广东省地方史志编纂委员会编：《广东省志》司法行政志，广东人民出版社 2003 年版，第 21 页。

55 刘寿林等编：《民国职官年表》，中华书局 1995 年版。

56 张树枏编辑：《法政丛志》，"法律速成科甲班毕业纪事"部分。

57 林家有：《辛亥革命运动史》，中山大学出版社 1991 年版，第 402 页。

国司法改革领域的先行者，司法研究馆章程也直接列明"造就关于司法上之各项人才，以备开设广东全省审判厅及检察厅之用"[58]。对于整个社会都处制度创设的时期，法政学堂一定程度上对此具有直接影响作用，例如陈融编著、学堂发行的《律例通诠》，集成所有律例于一册，为理论创新和实践具有指导作用；不仅如此，学堂还为地方立法提供咨询，辛亥革命以后全国范围内的监狱改良活动在广东也开展得如火如荼，为使监狱管理更为科学合理，省政府还委托广东法政学堂进行草案撰写，形成了《拟订广东监所暂行草章》供政府参考完成监狱改良工作。[59]部分教员还在各地司法相关机构进行普法讲授活动，例如杜贡石为广东宪法讲习所等教授课程，"粤省自奉明诏预备立宪，现由宪法科教习杜君贡石每晚到堂讲习宪法专科……"[60]可见学堂对于法学的发展影响深远，培养的人才也在各行业贡献心智，推动社会变革。

（二）局限性

广东法政学堂时代至今已过去百余年，若说对当今法学教育有何反思意义，就得认识到学堂的局限性，其功利性办学理念及盲目移植日本法政教学模式等问题是一直存在并制约长远发展，某种程度上也可为我们后世法学教育反思。广东法政学堂对广东地区社会变革与法政人才的培养具有突出作用，为广东近代政治转型的巨大转变培养输送了足够的具有法政思想的人才资源，其中也不乏个别极其优秀的人物甚至推动了整个近代中国的转型进程，这是学堂不可磨灭的功勋。但随着功利化的办学理念逐步深化，培养学生的标准不断降低，学习的时间及周期不断变短，速成导致粗制滥造，从长远计不是持续发展的根本，具有很大局限性。在国家和社会的强烈需求下，如何推动法律教育与法律人才的培养形成良好的互动关系，值得我们反思。

广东法政学堂监督夏同龢、浙江法政学校教员阮性存、凌士族等等，甚至几乎法政学堂的监督都具有日本法政留学背景，不胜枚举。学堂的创办与法政留学生密不可分，学堂的教员更是基本全面日化，广东法政学堂的教员大都由夏同龢专门赴日聘请的日本教习及具有留日经历的归国留学生组成，课程安排更是与日本法政速成科类似，学堂整体都直接引用日本经验，日本化色彩十分浓厚。在大刀阔斧改革的时代，借鉴他国经验或许是一条未知的捷径，但缺少结合自身国情的教育也会与社会断层，在考虑经验借鉴和制度移植的过程中应把握度的问题。

The Local Practice of the Legal Education in the Late Qing Dynasty：
A Survey Based on Guangdong College of Law and Politics

Guo Yongsong

Abstract：Although Guangdong College of Law and Politics was far from Chinese political center, and shortly existed（1906-1912），its administrative rules, college structure, course arrangements were

---

58 参见《广东司法研究馆章程》，转引自欧阳湘：《近代中国法院普设研究：以广东为个案的历史考察》，知识产权出版社2007年版，第129页。

59 参见广东法政学堂：《拟订广东监所改良暂行草章》，载陈建华、曹淳亮主编：《广州大典》，第37辑·史部政书类第335册，广州出版社2008年版。

60 参见"创建宪法讲习所（广东）"，《申报》第12013号，1906年9月28日。

systematic, and its educational ideology was advanced. This college not only trained a number of legal talents, but also opened the legal education of Guangdong. However, the college has some problems, such as pragmatism and blind draft graft of Japanese model of legal education.

Keywords: College of Law and Politics, Legal Education, Guangdong

司法最低限度主义：理论、方法及其镜鉴

谢小瑶* 王 政**

摘 要： 司法最低限度主义是一套完整的应对宪法疑难案件的裁判策略。它包含了程序和实体两个方面，前者是一种以追求"裁判范围之窄"和"论证理由之浅"为核心特征的裁判思维方式，后者则是从大量司法实践中凝练出来的外在于宪法的实体原则，其核心主张是为了允许审议民主更好地改进现有法律，司法裁判应尽可能地减少对立法系统的限制，进而通过个案达成一个"窄"且"浅"的裁判。司法最低限度主义对我国司法裁判具有功能性借鉴意义，它有助于法院在涉及道德事实的疑难案件中做出争议性小甚至推动法治进步的司法裁判。

关键词： 司法最低限度主义 道德争议 司法裁判 审议民主

在牵涉道德事实的疑难案件中，法官往往要遭遇一连串会影响司法裁判的难题。比如，法律条文在特定争议上的具体含义是什么，如何确定它的具体含义，如何对外表达它的含义，谁又有权决定它的含义等等。面对这些问题，美国的法理学界探索出了种类繁多的司法裁判理论。其中有两个理论颇为引人注目，它们分别是宽度主义和深度主义。前者的领军人物是前任美国联邦最高法院大法官的安东尼·斯卡利亚（Antonin Scalia），后者则是法理学大家罗纳德·德沃金（Ronald Dworkin）。[1]这两个理论在不同的场合获得了各自的胜利，但也留下了各自的遗憾。宽度主义偏好"宽"的裁判，他们以捍卫民主、维护司法的可预测性为名，希望法官"尽可能地严格按照规则裁判"，并提议由"法官宣布和遵守一般性的规则"。[2]但是它又过度地限制了法官的自由裁量权，甚至不惜否定"活的宪法"理论，[3]结果导致在某些情况下不得不"口

---

* 谢小瑶，法学博士，宁波大学法学院教授、博士生导师；** 王政，宁波大学法学院硕士、浙江共业律师事务所专职律师。

1 凯斯·桑斯坦（Cass Sunstein）认为一个裁判可以从两个维度加以考量，其一是司法裁判的效力范围，其二是论证过程的理论深度。前者可以由"宽"与"窄"来形容，后者可以由"深"与"浅"来形容。斯卡利亚在自己的作品和判决中显示了他对宽的规则和严格遵循法律的偏好，桑斯坦将这种裁判风格称为"民主形式主义"，而德沃金偏好深刻的判决理由，在其理论中展现了对"整全性"理想的热衷。本文根据这两种裁判风格的不同特点，依靠桑斯坦提供的两个考察维度，将它们分别归纳为宽度主义和深度主义。参见［美］凯斯·桑斯坦：《就事论事：美国最高法院的司法最低限度主义》，泮伟江、周武译，北京大学出版社2007年版；［美］安东尼·斯卡利亚：《联邦法院如何解释宪法》，蒋惠岭、黄斌译，中国法制出版社2017年版；［美］罗纳德·德沃金：《法律帝国》，许杨勇译，三联书店2016年版。

2 ［美］凯斯·桑斯坦：《就事论事：美国最高法院的司法最低限度主义》，泮伟江、周武译，北京大学出版社2007年版，第255页。

3 "活的宪法"指的是如下观点：宪法中含糊的、概括性的词和短语为法官提供了使宪法应对社会状况之变化的机会。斯卡利亚反对这一理论，并讽刺道"它（法官造法）甚至胜过民主立法机构制定的法律"。参见［美］索蒂里奥斯·巴伯、詹姆斯·弗莱明：《宪法解释的基本问题》，徐爽、宦胜奎译，北京大学出版社2016年版，第19页；［美］安东尼·斯卡利亚：《联邦法院如何解释宪法》，蒋惠岭、黄斌译，中国法制出版社2017年版，第53页。

是心非"。[4]而深度主义以捍卫正义、填补规则的漏洞为目的，热衷于在裁判中进行深刻的论证，他们相信法院在"关于自由和平等的问题的商议中"处于最核心的地位，并且要求法官"对现存的法律材料提供一种'最佳的建构性阐释'"。[5]但由于过度地发挥了主观能动性，深度主义陷入到了"不忠于宪法""改写宪法"的质疑声中。[6]

在凯斯·桑斯坦（Cass Sunstein）看来，他们的司法裁判进路都过于简单，而没有考虑到司法实践中的实际情况和复杂性。宽度主义将"多数主义政治中发生的偶然事件当作民主本身"[7]，并规则化以形式逻辑推导出来的文本含义，结果导致了对民主讨论空间的限制，以及对立法进程的阻碍。而深度主义为了寻求对法律的最佳理解，无视法官个人理性的有限性以及司法系统的制度定位，在许多需要集结整个政府系统和群众智慧才能解决的复杂问题之上，给予了法官过高的期望。[8]于是，他提出了司法最低限度主义。该理论站到了宽度主义和深度主义的对立面，它试图用最平实的理性为裁判结果作出最低限度的自我辩护，用对民主系统最小限制的方式促进桑斯坦所谓的审议民主。接受这一理论的法院会以谦逊的姿态，将那些不适合由自己解决的现实难题托付给民主系统解决。那么司法最低限度主义是一个面对道德争议时的更优选项吗，它是在何种程度上论证的，其基于的理论基础是什么，它对于我国的司法裁判有何启发等，成为了学界热议的焦点，同时也是本文尝试回答的问题。

一、司法最低限度主义的理论图景

司法最低限度主义是桑斯坦对 20 世纪 90 年代美国联邦最高法院审判风格的理论概况。它的首秀出现在 1996 年桑斯坦为《哈佛法律评论》撰写的一篇序言中。凑巧的是，在该文章问世后的两年间，又有两位学者同样在《哈佛法律评论》的序言中发表了相似的观点。其中一位叫迈克尔·多福（Michael Dorf），他基于社会环境的复杂多变性，为"临时裁决"的概念做出了辩护。根据他的观点，最高法院应遵循临时裁决的模式，以便专注于为这个复杂且瞬息万变的世界找到临时可行的解决方案。[9]另一位学者是理查德·法伦（Richard Fallon），他认为最高法院可以在宪法案件中利用学说检验来为结果提供正当性。这种检验会将讨论范围限制在一个比较浅的维度

4　斯卡利亚支持严格适用法律，却反对任何支持实施鞭刑的制定法。他反对"活的宪法"理论，却又支持了类似于"布朗诉教育委员会案"的判决。对于这种前后不一致，斯卡利亚不得不承认："法院已经选择了一些长期存在并且已经是不可更改的原则，这些原则无论是否符合宪法要求的原意，都不违背人民的一般实践，其形成的影响已经无法扭转。"这意味着斯卡利亚在实质上接受了"活的宪法"理论造成的有利结果。参见张月琴：《论斯卡利亚的文本原旨主义》，西南大学 2007 年硕士学位论文，第 70 页；[美]凯斯·桑斯坦：《就事论事：美国最高法院的司法最低限度主义》，泮伟江、周武译，北京大学出版社 2007 年版，第 288 页。

5　[美]凯斯·桑斯坦：《就事论事：美国最高法院的司法最低限度主义》，泮伟江、周武译，北京大学出版社 2007 年版，第 299 页。

6　对德沃金的理论提出的批评，参见[美]索蒂里奥斯·巴伯、詹姆斯·弗莱明：《宪法解释的基本问题》，徐爽、宦胜奎译，北京大学出版社 2016 年版，第五章、第十章。

7　[美]凯斯·桑斯坦：《就事论事：美国最高法院的司法最低限度主义》，泮伟江、周武译，北京大学出版社 2007 年版，第 259 页。

8　同上书，第 9 页。

9　结合后文的讨论，不难发现"临时裁决"类似于"个案裁判"，而"理论检验"类似于"未完全理论化的合意"。

内，因此，它可以避免由于深层次的意识形态矛盾而发生冲突。[10]上述两位学者基于各自的观察，得出了与桑斯坦相似的结论。这似乎说明了，司法最低限度主义的诞生是那个时代背景下的必然事件。果然，到了1999年，随着《就事论事》（*One Case at A Time*）一书的出版，它的思想得到了全面阐述，并且正式登上了宪法解释理论之争的舞台。

舞台之上，司法最低限度主义提出了诸多与宽度主义、深度主义针锋相对的观点。首先，它将自身与一套名为审议民主的立法制度相绑定，因此它的研究视角不再局限于司法分支；其次，它在评价司法裁判的两个维度上展现出了对于"窄"与"浅"的偏好。所谓的"窄"指的是，法院在裁判时除非确有必要，否则"只解决手头的案件，而不对其他案件作出评价"[11]。所谓的"浅"则是法院要尽可能"提供一些就某些深刻的问题意见不一致的人们都能够接受的东西"[12]。在"窄"的指引下，它接受了个案累积式的裁判进路，而在"浅"的指引下，它选择了用未完全理论化的合意来达成裁判结果；再次，它大胆引入了外在于宪法的实体内容，并借助审议民主来获取正当性。换言之，它通过忠于更具有操作性的审议民主，来实现对模糊的宪法文本的忠诚；最后，它不像它的竞争对手那样，拘泥于宪法解释并且追求宪法的唯一正解。取而代之的是，它以一种就事论事的态度来寻找个案中的合适回答。以上四个主要区别确立了该理论的与众不同。

（一）司法裁判的个案累积

司法最低限度主义的法官在判决时，采取的是"一案一判"的策略，他只解决手头上的案件，而不对其他案件作出评价，除非解决该案必须以评价其他案件为前提。这种策略是利用"窄"的判决，并通过个案累积的方式来给予民主系统充足的时间去制定更为完善的规范。用桑斯坦的话说，宪法领域的最佳程序首先是"一个最浅和最窄的判决"，接着是"一个调节的过程"，在这个过程中"联邦系统将能设计出许多很不错的解决方案"。[13]

支持这种策略的第一个理由体现在判决成本和错误成本上。影响判决成本的相关因素包括解决案件需要的信息、法官持有的不同立场和多变的社会环境等。为了使判决保持长久的实效性，法官需要在判决时考虑到这些因素，然后就会发现由一连串"窄"的判决所构成的规范，其效力将更加持久地发挥作用，因为它能灵活地适应新的情况，同时又不会因为过于"宽泛"而使先例制约到现例。而一个过早的"宽"的判决，不但在判决达成时就花费大量的判决成本，而且会更早地失去实效性。这些因素同样也在一定程度上影响了错误成本，比如缺乏足够的信息或环境的改变都会给法官制造麻烦。而法官一旦犯了错误，一个宽泛的裁决很容易造成更大的错误成本，毕竟宽泛的规则将对以后大量的案例产生影响。

不过单单从判决成本和错误成本的角度出发，尚不足以确切地论证出"窄"的判决一定更好。因为反对者能够轻易地进行反驳。例如他们可以说，一个清晰的规则可能使得判决的总成本

10　克里斯托弗·彼得斯（Christopher Peters）将许多人的理论都纳入所谓的"新司法最低限度主义"中，并且将亚历山大·比克尔（Alexander Bickel）视为最初的司法最低限度主义者。参见 Christopher J. Peters. Assessing the New Judicial Minimalism, 100 *Columbia Law Review* 1454（2000）。

11　［美］凯斯·桑斯坦：《就事论事：美国最高法院的司法最低限度主义》，泮伟江、周武译，北京大学出版社2007年版，第22页。

12　同上书，第23页。

13　同上书，第306页。

变得很低，因为规则可以减轻将来的工作负担，又或者一个窄的判决因其缺乏清晰的规范，可能导致下级法院和以后的案件犯下更多的错误。事实或许就是如此，如果将成本的计算放眼于相当长的时间背景之下，其数额就会变得难以预计，进而也就无法再为"窄"的价值提供辩护了。

第二个理由至关重要，它与审议民主密切相关。在宪法领域，狭隘的规则可以为持续的讨论和辩论保留大量的空间。在规则的留白处，民主系统将有机会制定出更为妥当的规定。一个"窄"的判决会让一项模糊的宪法权利先固定在一个最低限度的范围内。人们虽然无法就该权利的完整意义达成共识，但可以在这个狭窄的范围内达成一致。因此它不会妨碍到民主系统对于其他情形下的规则的制定。这种狭窄的判决就像拼图中的一小块，通过一步步地累积，最终形成一个完整的画面。虽然这个过程会花费一定的时间，但是它的结果是能够获得普遍接受的。试想如果法院在最开始就颁布一个宽泛的判决来规范一切可能的事项，那么民主系统将会花费很大的力气来不断地修正它，而且民意的抵触会在这一过程中接踵而来。而"窄"的判决从可以达成共识之处慢慢累积，既容易获得公众的认同，也允许了民主系统对于相关规则的完善。因此，第二个理由是为"窄"的价值辩护的关键。

（二）未完全理论化的合意

司法最低限度主义者希望解决问题以"浅"而不是"深"的方式进行。在决定如何处理一些道德争议时，他们只专注于回答当下需要怎么做。如果当下的人们无法就深刻的问题达成一致，那么司法最低限度主义者就会提供一些最低限度的共识。通过这种方式，他们试图达成未完全理论化的合意。桑斯坦认为，这种合意表现为两种形式：对某个抽象的条文构成合意，然而这些抽象条文具体含义却是含糊不清的；或者对某个具体特定的事项形成合意，然而构成这些具体特定事项的基础确实含糊不清的。[14]前一种形式是在制定宪法时常用的策略，许多国家的宪法文件都是"基于未完全理论化的合意"，以一种"不限定具体范围的抽象方式来表述"诸如自由、民主等的权利。[15]由于未完全理论化的合意类似于一个空洞的物体，其中没有被填充的空间需要将来用某种规范来补充，这就使得人们基于不同理由达成的对某种宪法权利的一致成为可能。宪法制定者通过未完全理论化的合意来抽象地表述权利，防止人们就具体内容产生分歧。这样制定出来的宪法条文能够被普遍认同，而其具体含义则留待日后辨明。相对的，如果宪法用具体规范的形式书写，那么宪法制定者很可能就缺乏使公民相信这些具体规范的理由，并导致围绕这些具体内容的争论无休止地拖延宪法的颁布。

在个案的裁判中，司法最低限度主义的法院接受了后一种形式的未完全理论化合意，理由是他们相信某个特定的案件中要做出什么样的判决，和解释判决的抽象理论没有关系。法官们在宪法争议中，可能会认为"无论适当的具体的宪法原则是什么，谁胜谁负已经很明了"。因此，他们关心的并不是宪法的具体含义是什么，而是"在具体个案中究竟什么是合理性所要求的"。基于这一判断，桑斯坦指出：具体的结果依赖的并不是抽象的理论，而是平实的理性，这种理性能够被各个不同理论背景的人，以及不能确定究竟什么才是适当的基础的人所接受。[16]平实的理性

14　［美］凯斯·桑斯坦：《就事论事：美国最高法院的司法最低限度主义》，泮伟江、周武译，北京大学出版社 2007 年版，第 23 页。

15　同上书，第 25 页。

16　同上。

考察的是某一事实或行为的合理性，这种合理性检验早已是美国宪法领域的普遍现象。在个案中引入合理性检验成效显著，它可以让那些接受不同理论背景的法官也能够就具体问题和观点达成共识。同时，应用合理性检验也暗示了未完全理论化的合意并非和理由毫无瓜葛，相反，它愿意围绕具体事实给出理由，只不过相比于深度主义，它仅在必要限度内提供关于合理与否的解释，而不愿意去展现理论上的雄心。

此外，未完全理论化的合意有助于理解美国法律文化中对抽象哲学思考的不信任以及对类推的偏好。在法官的日常工作中，需要应用概念攀登的场景少之又少。大多数情况下，解决问题需要的只是一个较低的理论化水平。这不单单是出于效率或成本的考虑，也包含了对于自身易错性和有限能力的反思。在一个多元异质的社会中，大量存在着合理的异议，即便是最高法院的法官也可能在试图解决重大道德问题时铸下大错，比如"普莱西诉弗格森案"。[17]因此，在面对这些争议时，那些在关键问题上存在巨大分歧的法官会尽可能地降低概念性，转而寻求诉诸合理性的理由。这些理由不仅能够让法院内部达成一致，对于外界社会亦是如此。

普通法对类推思维的偏好，是由于后者能够提供一个理论化程度很低的共识，比如人们虽然无法在很多问题上达成一致，但是都能够同意 A 类似于 B，于是他们在这一点上达成了一致。因此，类推思维是一种达成未完全理论化合意的有效方式。作为备受司法最低限度主义者青睐的"浅"的方式，类推思维在宪法领域具有广泛的应用。它体现在两个方面，一个方面是当前案件与先例之间的联系会限制法官的任意裁量权，正如桑斯坦所说，"对司法裁量权的大多数重要的限制，并不是来自宪法文本或者历史，而是来自于将其和先前判决相勾连的过程"。[18]法官在进行同案不同判时会受到一定的束缚，他只有提供充分的理由，才能摆脱人们对其职业道德或品格的质疑。另一个方面是类推思维有助于法官迅速地找到评估争议事实的方法与结论。这里需要说明两点：首先，对事实进行的评估将允许人们在一个很浅显的程度上达成一致。例如经过了一番深奥的关于死亡权利的辩论，人们很可能依然对于安乐死是否应该合法化莫衷一是。但如果发现给予病患安乐死的权利，在实践运用中反而降低了他们支配自己身体的权利，那么人们就很容易在否认安乐死的合法性上达成共识。因此，相较于抽象理论得出的深刻道理，基于事实给出的"浅"的理由或许更适用于解决争议。这意味着法官应当更专注于某些与争议相关的事实，而不是雄心勃勃地引入抽象理论。其次，那些与当前案件相似的先例，它们提供了许多现成的解决争议的裁判进路，其中对事实采取的评估方式以及相关的论点或结论在经过法官的筛选与提炼后，能够快速地得到新的运用。

（三）解释宪法的实体原则

宪法解释不可避免地要求法官去使用外在于宪法的原则。因为任何的解释方法要有拘束力的话，就需要有道德或政治上的根据。这就意味着任何解释方法都有赖于某些富有争议的道德基础。而这些道德基础一定是来源于宪法之外的，并需要为之争辩。因此，任何文本，如果离开了那些解释者所持的原则，都会失去意义。离开了这些原则，解释也就无从开始。这些原则被桑斯坦归纳为两类："语义原则"和"实体原则"。前者采纳的是"相关语言词典所作的解释"，它适

---

17 Plessy v. Ferguson, 163 U.S. 537（1896）.

18 ［美］凯斯·桑斯坦：《就事论事：美国最高法院的司法最低限度主义》，泮伟江、周武译，北京大学出版社 2007 年版，第 61 页。

用于所有的宪法条文，其中那些能从文本推导出明确含义的宪法条文仅仅只需要适用语义原则；而后者是某个外在于宪法的政治正当化根据，它是解释那些高度抽象化的宪法条文之含义的工具。[19]

语义原则要求法官必须忠于宪法的文本、结构和历史。这意味着法官无法脱离宪法条文的词义解释：在透过作为整体的宪法来理解某个宪法条文中的概念的同时，还要对历史上关于宪法条文的理解给予一定的重视。但是在应对复杂的道德事实时，语义原则并不能解决法官对宪法含义的分歧。既然宪法内部已经无法化解分歧，那么就只能依靠来源于外部的原则。这些外在于宪法的实体原则可以用来评判何为宪法的恰当含义。但在此之前，它必须先对自己的正当性作出辩护。

实体原则的正当性应当来源于对审议民主的普遍承诺，而不是因为现状而中立。为后者辩护的最具影响力的论点是，现状和既存的配置中，蕴含了太多复杂性和智慧在其间，因此很难找到合适的立场来对此展开批评。当下的实践至少是通过大量的时间和人力发展而来的，因此它们受惠于太多智慧的集合，任何单个人或者特定界别的人们的心智在这种智慧的集合面前应当保持谦抑，因为任何的改变都会造成不可预料的坏的后果。桑斯坦批判这种观点："太过宽泛并流于一般化……有时既存配置并非是富于理性的产物，相反更多的是归因于偶然的原因，或是经济、自然和社会权利的作用，或是不公平的或恣意的实践作用的结果。"[20]而审议民主则不同，它是一套通过开放的审议过程，汇聚新的信息和视角，进而找到优化既存配置的进路的制度。因此，相比于后者，审议民主的结果更符合后者所说的"智慧的集合"。

司法最低限度主义的实体内容来源于那些忠于审议民主的实体原则，同时它还包含着最低限度主义的维度。任何群体对于实体信念都无法达成完全的共识，因此只能通过求同存异来寻求群体内部共识的最大公约数，这便是最低限度的实体原则。美国作为一个大的集体，在其内部也能找寻到最低限度的实体原则，桑斯坦称之为美国的核心价值，并在个人权利问题上归纳了十种类别。这些原则包括免于未经授权的拘禁，对政治异议的保护，投票的权利，宗教信仰自由，免于对财产的实体侵害，公民和财产免于警察权滥用所造成的侵害，法治，不受来自政府（和他人）的身体侵犯、谋杀或者拷打，反对奴隶制和基于种族或性别的歧视以及公民身体免受政府侵犯的实体法上的保护等。[21]这十种核心价值在美国的司法实践中获得了普遍的共识，各种不同形式的政治思想和道德哲学都能够在这些价值上达成一致，因此可以作为解释宪法恰当含义的实体原则。

值得一提的是，司法最低限度主义依靠实体原则得出宪法含义的这一过程很容易被误解为一种深度主义式的发现宪法含义的过程。例如，有学者这样评价道："（司法最低限度主义）先是像德沃金那样发现宪法，然后告诉民众他们最好听到什么。"[22]对于这类说法，本文尝试着作出三点回应：首先，桑斯坦反对德沃金式的宪法解读，德沃金作为深度主义者倾向于对宪法条文进行道

19　[美] 凯斯·桑斯坦：《偏颇的宪法》，宋华琳、毕竞悦译，北京大学出版社 2005 年版，第 117 页。

20　同上书，第 153 页。

21　[美] 凯斯·桑斯坦：《就事论事：美国最高法院的司法最低限度主义》，泮伟江、周武译，北京大学出版社 2007 年版，第 85—90 页。

22　[美] 索蒂里奥斯·巴伯、詹姆斯·弗莱明：《宪法解释的基本问题》，徐爽、宦胜奎译，北京大学出版社 2016 年版，第 192 页。

德哲学论证，并得到高度概括性的描述，而桑斯坦则反对概念攀登，支持用平实的理性来描述和评判案件事实；其次，司法最低限度主义者不是要讨好民众或者故意有所隐瞒，他对某些事情不做裁定的目的在于，将这些无法达成共识的争议存而不论，并留待审议民主作出决定。他相信凭借审议民主的智慧能够得出更好的解决方案；最后，一个最低限度主义的法官做出裁判的根据是从已获得普遍共识的最低限度的实体原则中推理得出的，其目的是说服民众、达成一致、解决纠纷，因此与其说是法官在"告诉民众他们最好听到什么"，不如说是法官在用民众最容易认可的方式说服民众。

二、"窄"与"浅"的裁判方法何以可能？

司法最低限度主义理论包含了程序性内容和实体性内容。在实践运用过程中，前者本质上是一种裁判思维，它在个案中发挥着方法论的指导作用。后者则集中回答一个问题：如何利用外在于宪法的实体原则来解释宪法。虽然两者的关注点不同，但它们的目的是共通，即设法达成一个"窄"且"浅"的判决。

（一）司法最低限度主义的裁判思维

1. 对道德争议的"沉默"

在个案的裁判中，法官要作出一个选择：对哪些内容进行论证，同时又拒绝讨论哪些问题。如果他选择扩展当前争议的边界，以便解决其他相似的争议，他就走向了宽度主义。如果他试图回答案件背后深藏着的道德问题，他就走向了深度主义。如果他综合考量了判决成本、错误成本、法官的制度角色、法官的有限理性以及促进审议民主等多方面因素，并最终决定把论证范围限缩在必须回答的问题上，他就走向了司法最低限度主义。不难发现，这个选择的结果几乎可以预示法官对裁判进路的选择。但有时，两者的关系是反过来的，即有些法官是接受了某种裁判进路后，再作出的选择。这种情况下，法官就必须确保自己的选择符合自己接受的理论。那么对于接受了司法最低限度主义的法官来说，如何作出一个恰当的选择呢？桑斯坦给出的回答是，"除非（某个问题）对于论证结果的正当性是确实有必要的，否则要谨言慎行"，并且"（法官要）尽量对某些事情不做裁定"。[23] 这一主张包含两个建议，第一个建议是法官要去回答那些在个案中必须回答的问题。这部分内容会因案件事实的不同而不同，无法被概括或者罗列，因而只能在个案中就事论事地讨论。司法最低限度主义更关注第二个建议，即法官要对除去前者以外的其他内容保持慎重，甚至在特定事项上保持沉默。考虑到"保持慎重"是一个普遍存在的建议，我们实际上只需要关注这个问题：法官应该对哪些事项保持沉默。

这些特定事项往往是与宪法权利有关的某种争议，并且往往是某种道德争议。进一步地讲，这些事项存在着共同的特征。首先，这些特定事项具有高度争议性。这不仅是因为概念本身存在模糊之处，而且是它已经在社会中引起了普遍的争论。法官作为争议的最终裁决者，并不适合对这种争议进行盖棺定论。无论他站在什么立场上，或者他的论证过程有多么丰满，他也只能宣告

---

23 ［美］凯斯·桑斯坦：《就事论事：美国最高法院的司法最低限度主义》，泮伟江、周武译，北京大学出版社 2007 年版，第 2 页。

争论的其中一方的胜利。他最终代表的不会是绝大多数人的意志，而是多数人，甚至少数人的意志。因为如果绝大多数人都认同法官的见解，就不会存在普遍的争论。法官要是坚持这么做的话，恐怕只会让司法的公信力陷入危机。其次，讨论这些道德争议对于论证案件的结果具有不必要性，甚至可能是有害的。假设法官只是引用了一些模糊的道德概念以期增强结果的正当性，既没有深入讨论，也没有将之具体规范化，这种做法看似无可厚非，因为大多数情况下，法官的目的只是为了让判决显得更加"正义"，而不是解决这些道德争议。但是，它依然可能埋下不可预料的风险。众所周知，宪法中的模糊概念并非总是成立，偶尔还会相互冲突，例如言论自由就不存在于种族歧视的情形下。换言之，法官有可能在错误的情形下引用这些模糊的概念。不过，相较这种不容易出现的错误，更容易发生是当法官引用模糊的道德概念时，道德争议就会从事实争议中独立出来，人们会期待法官在道德争议上深入地讨论下去，而不是浅尝辄止。法官要是满足不了这种期待，那么裁判的公共认同就会大打折扣。此外，有一部分人并不在乎关于道德争议的论证过程，他们只想要一个最终结论。他们也许相信法官的观点会与他们一致，并在内心中期待着由法官来说出他们的意见。但前面也提到了，法官不应该给出这一判断，因此也没必要提供产生这种期待的原因力。

既然法官不应该去拍板道德争议，也没必要冒着风险去讨论它，那就只剩下一个选择，即法官应对此保持沉默。但这似乎又会受到一种质疑：法官凭什么可以对案件中明显涉及的道德争议保持沉默？在复杂的宪法案件中，往往涉及许多的道德争议，例如生命始于何时，胎儿是否应当被视为一个完整的个体并享有同等的生命权等。这些模糊的概念无法被量化分析，因此法官要想做出回答，只能依靠高度抽象化的理论。这显然不是件轻松的任务，但好在道德争议也从来不是宪法案件中必须解决的问题。因为法官要裁判的往往是州政府颁布的某些特定法案是否构成违宪。既然如此，法官当然可以仅对需要解决问题进行论证。此外，诉讼参与人可能会把某种道德观点作为自己的论据，而法官有义务去回应这些观点，这就迫使了法官去面对道德争议。但即便如此，法官还是可以很多的应对方案，例如通过列举大量的事实案例来反对诉讼参与人的道德观点，最终实现对道德争议的沉默。总而言之，法官应当对道德争议保持沉默，而且也有能力实现这一目标。

2. 对裁判结果的"合理性"测试

裁判结果的正当性通常建立在合法性与合理性之上。合法性是毋庸置疑的，法官可以通过遵循已获得普遍认同的先例或者制定法的相关规定来获取合法性。相比之下，裁判结果的合理性很容易遭到忽视。其实，合理性至少在两个方面发挥着巨大的作用：首先，合理的裁判结果可以赢得普遍的公共认同；其次，它可以带来更高的社会效益。关于第一个作用，桑斯坦认为合理的裁判结果通过诉诸"平实的理性"能够"被各个不同理论背景的人"，以及"不能确定究竟什么才是适当的基础的人所接受"。[24] 这一论点主要是基于如下观察：围绕事实展开的辩论不同于道德观念的辩论，前者在量化的指标面前没有多少模棱两可的内容，而后者只能停留在理论上空对空的互搏，理性的公民在利弊权衡后很容易得出一致的具有合理性的结果，可一旦脱离了事实，或许就谁也说服不了谁了。因此，一个最具合理性的裁判结果可以在多元异质的社会中获得普遍认

---

24 ［美］凯斯·桑斯坦：《就事论事：美国最高法院的司法最低限度主义》，泮伟江、周武译，北京大学出版社 2007 年版，第 25 页。

同，而一个高度理论化的裁判则不然。合理性的第二个作用与得出裁判结果的过程有关。在这一过程中，法官会"采取一种以'合理性'测试的形式表现出来的标准"，来寻找"具体个案中究竟什么是'合理性'所要求的"裁判结果。[25]换言之，法官要评估裁判结果的合理性。这是一种基于事实的评估，通过诉讼参与人提供的证据以及法院的自主调查，法官应当对各种裁判结果可能带来的社会影响做到心中有数。然后，法官需要权衡各种方案的利弊，并充分考虑法院的制度性角色，以便最终寻找到一个社会效益最大化或者风险最小化的恰当的方案。

伦奎斯特法院在"华盛顿州诉格拉斯伯格案"中发表的法院意见具体地展现了法官是如何进行合理性测试的。该案的起因是华盛顿州的现行法律规定了协助自杀的禁令，几名医生与患者认为该规定违宪，遂诉至法院。两个上诉法院确认了协助自杀的禁令违宪，其中第二巡回法院认为该规定违反了平等保护条款，理由是华盛顿州不应在承认撤除生命维持装置的合法性的同时，宣告医生协助自杀是违法的。而第九巡回法院则直截了当地表示，宪法包含了一种自主控制死亡时间与方式的正当程序权益。但是最高法院驳回了它们的观点。对于这一结论，最高法院提供了三个部分的论证。首先是回顾关于"自杀和协助自杀"的历史与传统，其次是讨论协助自杀是否为正当程序条款所保护，最后是论证协助自杀禁令背后的政府目的。前两个部分主要是对结果合法性的论证。"合理性"测试则集中在最后一部分。在此，法院向公众展示了禁令背后的合理性：第一，颁布禁令是为了展现州政府对完整的保护人类生命的决心，既不愿按照比例原则来分别对待不同的患者，更不愿鼓励人们选择自杀；第二，数据表明承认协助自杀的合法性会导致国家难以保护精神病患者或遭受未经治疗的痛苦病人的生命。因为如果获得相应的治疗，他们大多会撤回自杀的决定；第三，医生协助自杀与医生的作用格格不入，而且有可能模糊了愈合与伤害之间的时间界限，进而导致医患矛盾；第四，承认协助自杀的合法性会导致包括穷人、老人在内的弱势群体遭受巨大的风险；第五，允许协助自杀很可能导致患者的非自愿自杀，荷兰的安乐死数据也证明了这一担忧。[26]上述理由不但说明了允许协助自杀将会带来的负面效应，同时也说明了安乐死问题在现实生活中远比"人是否拥有死亡权利"这一道德命题复杂得多。

讨论至此，可能会出现一个疑问："合理性"测试与利弊分析有什么区别？我认为两者的区别主要有两点：第一个区别：合理性测试具有偏向性，而且它不会呈现完整的利弊分析的过程。从协助自杀案中就可以看出这点，法院意见中提供的论据几乎都是在反映允许协助自杀会带来的负面效应。允许这种偏向性存在的目的，既是为了不让判决显得自相矛盾，也是为了更有力地论证结果的合理性。进一步地讲，合理性测试本来就不需要正反两面的论据，因为它不会严格地权衡各种利益之间的相对优势。那么合理性测试的结果要如何得出呢？这便引出了第二个区别：合理性测试得出结果的过程不仅包含了利弊分析，同时也受制于法院的制度性角色。为了扮演好这个角色，法院要把那些最复杂的宪法权利问题留待民主系统解决，同时为了确保民主系统有能力解决，它还必须维护民主系统的审议功能。在协助自杀案中，法院便充分考虑了这一点，"我们的保留使这场辩论得以继续，正如在民主社会中应该进行的那样"，[27]因此它不愿在死亡权利的问

25　［美］凯斯·桑斯坦：《就事论事：美国最高法院的司法最低限度主义》，泮伟江、周武译，北京大学出版社 2007 年版，第 25 页。

26　Washington v. Glucksberg, 521 U.S. 702，来源网络 https：//caselaw.findlaw.com/us-supreme-court/521/702.html。

27　这段话出现在法院意见的最后一段。其中，"这场辩论"指的是美国公众就医生协助自杀的道德性、合法性和实践性展开的辩论。来源网络 https：//caselaw.findlaw.com/us-supreme-court/521/702.html。

题上越俎代庖，并最终选择拒绝承认这个在宪法的传统意义上并不存在的权利。其实，类似的情况也发生在其他的场合。例如在特纳广播公司提起的两个案件中，法院认为《有线电视消费者保护和竞争法》中规定的"必须播放"原则[28]没有侵犯到言论自由，相反它正是《宪法第一修正案》保护的内容。如果没有这一原则，有线电视的运营商将会出于经济利益压制其他的竞争对手，那么非有线电视的用户能够选择的电视节目的质量和数量就会大幅减少，进而导致这部分用户失去了获取多元化信息的渠道。法院坚决拥护"必须播放"原则，其目的正是确保民主系统拥有健康的审议功能。总括而言，对于制度性角色的考量是合理性测试中一个至关重要的参考标准，并且它在很大程度上决定了合理性测试的最终偏向。

（二）实体原则的引入：以隐私权为例

司法最低限度主义相信，法官在遇到宪法权利纠纷时，应当达成一个效力范围尽可能狭窄的未完全理论化合意，以便为民主进程预留更多的审议空间。这一主张与法院的制度性角色密切相关。以隐私权为例，桑斯坦认为，当存在复杂的争议时，至少如果一个理性的人会对此产生完全不同的判断时，法院应当对承认这种类型的隐私权保持警惕，除非它能够确定审议式民主制度已经失灵。他的理由可以被归纳为两点：其一，司法的绝缘性会导致法院能够掌握的信息非常有限，进而更易作出错误判断；其二，由于法院在创设社会规则方面的低实效性以及社会因素的复杂性，法院即便作出了正确判断，也可能带来相反的后果。[29]因此在这种情形下，司法最低限度主义的建议是：法官应引入外在于宪法的实体原则作为论证结果的根据，并且避免过多地涉足宪法权利问题。须注意，这些原则必须同时具备两个特点，首先是足够的说服力，其次是能够允许宪法权利问题继续保持开放。

1. "模糊即无效"原则

"模糊即无效"原则要求国家在规范个人行为之前就制定明确的法律规则。[30]这一原则体现了法治的价值，在刑事审判、言论自由和正当程序方面发挥着重要的作用。这一原则是法律对公民自由权的最重要保障之一，而且与"不用即废止"原则一并根植于同样的关切之中，即基于某一合法且充分的基本原理而创设的法律，才能在实际中得到支持。[31]

这一原则的确立可以追溯到 1972 年的帕帕克里斯托诉杰克逊维尔市的判例。[32]在当时的杰克逊维尔市，"流浪"是一种犯罪行为，而且当地的法律对"流浪"行为的定义极其宽泛和模糊，它甚至包括：普通的酒鬼、夜行者，精神不正常者，有劳动能力但以妻子或未成年子女的收入为生的人等等。根据这一法律，许多人被逮捕。该案对五个有争议的案件进行了合并审理，其中一个案件的当事人是两位白人女子和两位黑人男子，他们被逮捕的原因仅仅是乘在同一辆车上并打算前往夜总会聚餐。最高法院撤销了原判决，理由是当地的法律违背了正当程序条款：因为它不

---

28 "必须播放"原则指的是有线电视运营商必须播放当地电视台的节目。［美］凯斯·桑斯坦：《就事论事：美国最高法院的司法最低限度主义》，泮伟江、周武译，北京大学出版社 2007 年版，第 224 页。

29 ［美］凯斯·桑斯坦：《就事论事：美国最高法院的司法最低限度主义》，泮伟江、周武译，北京大学出版社 2007 年版，第 99、130 页。

30 ［美］凯斯·桑斯坦：《法律推理与政治冲突》，金朝武等译，法律出版社 2004 年版，第 122、123 页。

31 ［美］凯斯·桑斯坦：《就事论事：美国最高法院的司法最低限度主义》，泮伟江、周武译，北京大学出版社 2007 年版，第 139 页。

32 Papachristou v. City of Jacksonville, 405 U.S. 156 (1972).

能提供就何种行为为非法行为的对公民的充分告示，反而鼓励了任意且不稳定的逮捕与定罪。法院强调，按照法治的定义，所有人有权被告知国家所命令或禁止的行为，而《流浪法》并没有进行充分的告示，因此该法律的无效归因于它的模糊性。另外，判决书中还有一段有趣的表述，它这样写道：杰克逊维尔的条例是从早期的英国法得出的，并且对于流浪的定义采用着古老的语言……英格兰封建庄园的瓦解导致了劳动力短缺，进而产生了《劳工法》，旨在通过禁止提高工资和禁止工人为了寻求更好的条件而离开家乡，以此稳定劳动力，流浪法正是来源于此，但它逐步变成了不良的刑事法律……伊丽莎白女王时代的不良的法律理论不再符合事实，产生这些法律的条件可能已经消失。很显然，这段论述说明法院还激活了"不用即废止"原则。只不过，由于"不用即废止"原则在美国存在一些争议，法院最终选择了对公众影响更小的"模糊即无效"原则作为对结果的论证。

从该案之后，"模糊即无效"原则成了死刑学说发展的基础。[33]在同年的"弗曼诉乔治亚州案"中，[34]最高法院的多数派以 5 比 4 的小胜撤销了一起谋杀罪和两起强奸罪的死刑决定，理由是在这几个案件中适用死刑违反了《宪法》第八修正案与第十四修正案。根据这两个修正案，适用死刑必须要消除任意性和歧视性的影响，而当时的法律制度却允许带有歧视性的惩罚被肆意地实施着。当然，法院并没有坚持所有的死刑都是违宪的，而仅仅是认为所有的死刑必须根据清晰的标准进行评定，并且还需要被公正平等地执行。从结果上看，最高法院的这一裁决迫使了各州和美国国会重新考虑涉及死刑的法律规定，以确保任何人不会被反复无常或歧视性的方式处以死刑。因此，桑斯坦总结道：当法院以过于模糊为理由宣布某条法律无效时，也就意味着一项更为明确地体现立法判断的法律有可能是有效的。[35]换言之，"模糊即无效"以一种司法最低限度主义的方式将一个棘手的问题悬而不决，这种消极的做法看上去对问题的解决毫无帮助，但实际上，这种"消极"迫使了立法机关对这一问题保持关注，并最终导致引发该问题的有关制度通过民主手段得到了改进。

2. 平等保护原则

平等保护原则根植于美国宪法中的平等保护条款，这一原则谴责在没有充分的正当理由的情况下，将一个特种类型的人群贬低至二等公民地位的法律。该原则已经融入了美国的司法传统以及社会的普遍实践当中，具有极高的公众认同度。因此，在特定案件中，法院如果恰当地适用平等保护原则，就仅需在一个非常浅的程度上论证自己的结论。这样做既可以获得公众的认可，也不会对审议民主产生限制。

在"罗默诉埃文斯案"中，[36]美国最高法院认定了涉案的《科罗拉多州宪法》第二修正案的部分规定违反了平等保护条款。法院用一种被桑斯坦称为"次最低限度主义"的方式作出了回应。它主张，涉案条款违反了合理性基础审查标准，因为它不是基于一个合法的公共目的，而是基于一种对特定群体的"敌意"。得出这一判断的理由包含两个论点：其一是该条款"只以一个

33　［美］凯斯·桑斯坦：《就事论事：美国最高法院的司法最低限度主义》，泮伟江、周武译，北京大学出版社 2007 年版，第 139 页。

34　Furman v. Georgia, 408 U.S. 238（1972）.

35　［美］凯斯·桑斯坦：《就事论事：美国最高法院的司法最低限度主义》，泮伟江、周武译，北京大学出版社 2007 年版，第 139 页。

36　Romer v. Evans, 517 U.S. 620（1996）.

单一的特征来区分人群，但同时却拒绝向这些人群提供全部的保护"，在最严格的意义上讨论，一项法律宣布一个群体比其他所有人更难寻求政府的帮助显然是违反平等保护原则的；[37]其二是该条款过于宽泛，缺乏足够的正当性，它只能被理解为强加一项特别不利负担给一类不受政府欢迎的人。

"罗默诉埃文斯案"引入了平等保护原则，但是在某种意义上失败了，因为它走上了次最低限度主义的路径。与最低限度主义的区别在于，次最低限度主义想要达成最低限度主义的结果，但没有负责任地做好必要的论证。桑斯坦指出了"罗默诉埃文斯案"失败的具体原因，首先是法院未能确定政府的非法目的，也没有解释这种目的为何是非法的，其次是它回避了对一个重要的先例的讨论。该先例是指"鲍尔斯诉哈德维克案"。两个案例的争议焦点相似，但法院作出的判决结果却截然不同。针对这两点遗憾，桑斯坦给出了一个最低限度主义的方案。它可以被概括为两个论点：第一个论点是"鲍尔斯诉哈德维克案"是围绕着正当程序条款展开讨论的，而本案涉及的是平等保护条款。这种回应虽然没有正面回答"鲍尔斯诉哈德维克案"是否违反平等保护条款。但作为一项理由，它说明了"罗默诉埃文斯案"与"鲍尔斯诉哈德维克案"之间存在着根本性的区别，即它们分别基于不同的宪法基础。第二个论点是当政府歧视特定的群体时，平等保护条款要求这一歧视必须与一项合法的公共目的相关联以便具有合理性，而不是出于恐惧和偏见或是单纯希望公众反对该特定群体。[38]只要相关的政府目的是合理的，那么某些形式的歧视是可以容忍的，例如政府给予妇女、儿童、老人或者残疾人特殊的便利，这在某种意义上歧视了其他人，但是它却没有违反平等保护条款，这说明存在歧视并非构成违反平等保护条款的充分条件。因此，"罗默诉埃文斯案"的解题关键不是去回答该法案是否存在歧视以及可能造成哪些不平等，而是识别出这种歧视的背后是否具有合理的公共目的。换言之，"罗默诉埃文斯案"的法官应当对裁判结果进行合理性的测试。

三、司法最低限度主义的功能性镜鉴

为了应对现实世界的复杂情形，司法最低限度主义在论证过程引入了许多的评价维度，包括裁判结果对民主协商的影响、法院的制度性角色、法官的有限理性、裁判成本与错误成本等。在综合考量了各方面因素后，它得出的结论是：在大多数情况下，"窄"且"浅"的判决能够更好地在宪法案件中达成一个争议性小且促进民主协商的结果。

这个结论具有一定的启发意义。近年来，我国最高人民法院每年都在评选上一年度推动法治进程的十大案件，它们都是我国司法裁判的"风向标"。这些案件的特点是影响力大、关注度高和争议性小，并且它们都在一定程度上推动了我国的法治进步。影响力大和关注度高通常是这些案件本身具有的特点，而推动了法治进程且争议性小则是这些案件能够被纳入榜单的衡量标准。值得一提的是，桑斯坦提出的"促进民主协商"可以理解为"促进民选的立法机关改进法律"。在我国的语境中，其含义与"推动法治进程"是相似的。因此，我国的司法裁判和司法最低限度主义，两者所追求的结果几乎是相同的。既然后者可以通过"窄"且"浅"的判决达成想要的

---

37 ［美］凯斯·桑斯坦：《就事论事：美国最高法院的司法最低限度主义》，泮伟江、周武译，北京大学出版社 2007 年版，第 174、178 页。

38 同上书，第 189、195 页。

结果，那么我国的法院如果运用这套司法策略是否也能够做到呢？

（一）对于"窄"的运用

根据司法最低限度主义的建议，为了达成"窄"的目标，法院应当只讨论那些在个案中对论证结果的正当性确有必要的事实，并且尽可能地对道德争议保持沉默。这个建议在实际运用过程中会面临一个难点，即法院要对以下两个问题作出正确判断：其一，个案中的哪些事实对论证裁判结果的正当性确有必要；其二，个案所涉的道德争议是否会影响裁判结果的正当性。结合实际案例的讨论可以更好地说明这两个问题在个案中应作何判断，以及判断得出后法院当如何运用"窄"的建议。

关于第一个问题。2022 年初，我国的社交网络平台开始流传"丰县生育八孩女子"的相关视频，这一侵害妇女和精神障碍患者权益的事件引发了社会高度关注。随着该事件的发酵，有几份当地人民法院的离婚纠纷民事判决书[39]被曝出：在原告（均为妇女）诉称自己遭人拐卖的情况下，法院仍判决不准予原、被告离婚。这再度掀起了网民关于司法公正性和妇女权益保障的激烈讨论，其中不乏对于司法机关的怀疑之声。可见，这几份判决书在某些方面失败了。从当下的视角反思，我认为如果法院当初能够恰当地作出一个"窄"的判决，那现在就不至于被人挑出来"翻旧账"。以〔2013〕丰顺民初字第 0695 号案件为例，原告明明已在起诉状中提及自己系遭人拐卖后与被告结婚，但无论是判决书的事实认定部分还是争议焦点部分，却均未再提及"拐卖"一词，仿佛拐卖一事被法院给"无视"了。

收买被拐卖的妇女是刑法明文规定的犯罪行为，收买方往往会强迫被拐卖的妇女与自己或其他亲属缔结婚姻，并且在所谓的婚姻关系存续期间，不愿屈从的女方极有可能遭受到收买方的强奸、非法拘禁、殴打等。这种婚姻关系不具有男女双方当事人的结婚合意，显然是不合法、不正当的，应属婚姻不成立。[40]不过，我国法律没有规定婚姻不成立制度，且婚姻无效或可撤销制度在适用被拐卖妇女婚姻问题上也存在局限性。因此被拐卖妇女如起诉离婚，法院可以符合其他导致夫妻感情破裂的情况为由准予离婚，涉及刑事犯罪的移交公安机关处理。总而言之，"拐卖"是否属实将会左右最终的判决结果，查明该事实是对论证该案判决结果的正当性确有必要的内容。

作出上述判断后，一个恰当的"窄"的判决会在事实认定过程中详细论证"拐卖"一事是否属实。在不考虑被告自认存在拐卖事实的情形下，法院首先应当告知原告虚假陈述的法律责任，确保其陈述是经过深思熟虑的。如原告改口的，法院应要求原告对此进行合理解释，并将解释的内容适当地写入判决书中。其次，如原告依然坚持存在"拐卖"一事，那么法院为查明事实可以依职权调取相关证据，例如当地村委会的情况说明、原告父母的报案记录等。最后，法院需要全面考量各方面证据，根据不同情形分别处理。如果证据充分可以认定拐卖事实的，法院应作出准予离婚的判决，涉及刑事犯罪的移交公安机关处理；如证据明显不足无法予以认定的，法院可以视夫妻感情状况作出准予或不准予离婚的判决，同时适当地追究原告虚假陈述的法律责任；如果相关证据不够充分但存在拐卖可能性的，法院应当中止审理，并将发现的情况或线索及时移送具有公安机关，待后者查明事实真相后再恢复审理。相比于原判决中法院对"拐卖"的沉默，

39　相关民事判决书的案号为〔2013〕丰顺民初字第 0695 号和〔2014〕丰华民初字第 0526 号等。

40　参见冉克平、陈丹怡：《被拐卖妇女婚姻的效力分析——兼论被拐卖妇女的权利救济路径》，《湖湘法学评论》2022 年第 2 卷第 1 期。

通过上述流程作出的判决显然更具公信力。

关于第二个问题。我国素有彩礼的风俗习惯，男方向女方给付彩礼在现代婚姻中依然扮演着重要的角色。彩礼在婚前给付后，如果双方未登记结婚，男方多会要求返还。如果双方登记结婚后又离婚的，也时常发生要求返还彩礼的情况。根据司法解释的相关规定，法院处理彩礼返还的问题主要区分两类：对于双方未结婚的，应当返还彩礼；对于已经结婚的，原则上不再支持返还，除非双方结婚后一直未共同生活，或者因为给付彩礼导致给付人生活困难的。最高人民法院制定该规则的初衷是：老百姓给付彩礼通常是迫于当地的习惯做法，存在着明确的目的性、现实性和无奈性。男方同意给付彩礼是以对方答应结婚为前提的。如果没有结成婚，其目的落空，此时彩礼如仍归对方所有，与其当初给付时的本意明显背离。[41]因此最高人民法院虽未明确表态，但基本上认可给付彩礼系一种附解除条件的赠与行为。

彩礼是一个具有道德争议性的习惯做法，它主要涉及两方面的争议：其一，彩礼是否应被废除；其二，它的内涵与外延为哪般。由于这种道德争议性的存在，彩礼问题错综复杂，给审判工作带来了许多困难。其中有一类问题便起源于法院对"彩礼"的概念理解不同。例如在〔2020〕冀 05 民终 2365 号案件中，一审法院认为见面礼、米面肉折款、量门口、蒙头红钱等不属于彩礼，故不支持返还。而二审法院却认为上述款项均应按彩礼认定，于是作出了改判。如果法院将认定是否属于彩礼作为处理此类纠纷的先决条件，那么在界定彩礼的范围时难免会产生分歧。

根据"窄"的建议，法院应当尽可能地回避涉及道德争议的事实。为此，法院需要作出一个判断：在此类纠纷中回避掉"彩礼"这个概念是否会影响到裁判结果的正当性？我认为不会影响，因为给付彩礼的本质是一种附解除条件的赠与行为，法院需要认定的不是哪些款项属于彩礼，而是判断个案所涉的哪些款项是基于缔结婚姻关系的目的，然后根据所附的解除条件已经成就，对相应的财产判决予以返还。这种"窄"的判决的好处还包括，法院不用再区分彩礼、婚前的其他大额赠与和日常赠与，只需要把婚前的财产赠与分成两类，一类是符合以缔结婚姻关系为目的，另一类则不符合。这样就可以在一定程度上减少法院裁判尺度不一的情况，例如有些法院严格区分彩礼和婚前其他大额赠与，仅对符合彩礼的支持返还；而有些法院则支持返还婚前的其他大额赠与。[42]不过，回避对"彩礼"的讨论，这一建议只能应用于双方未结婚的情形；如果已经结婚，那么附解除条件的赠与已经达成了赠与的目的，不存在解除条件成就的可能性，故法院只能根据司法解释的相关规定作出判决。

（二）对于"浅"的运用

由于被赋予了司法审查的权力，美国法院有权去解释抽象且模糊的宪法。在这种司法环境中，桑斯坦提出了法院应当用"浅"而非"深"的方式去解决宪法问题。我国的司法环境显然与美国不同，我国法院并不具有如此夸张的权力。在大多数情况下，我国法院都是根据具体的法律规则进行裁判。法律规则往往不具有产生歧义的空间，因此也不会牵扯到关于"浅"或"深"的讨论。但在极个别案件中，当法官认为适用现有的法律规则无法得出一个正当的裁判结果时，

41　最高人民法院民事审判第一庭：《最高人民法院民法典婚姻家庭编司法解释（一）理解与适用》，人民法院出版社 2021 年版，第 67—77 页。

42　在〔2019〕浙 02 民终 3882 号民事判决书中，法院认为涉案的赠与款项超出了男女日常交往互赠礼物的范围，赠与财物是基于缔结婚姻这种特定的目的。这种赠与并非一般赠与，应为附解除条件的赠与合同。

他就需要从抽象的法律原则中寻求论证依据。为此，法官就不得不对抽象的法律原则进行解释，并且面临"浅"与"深"的抉择。

为了让讨论进行下去，本文挑选了两个具有典型性和关联性的案例——"四川泸州遗赠案"和"深圳房产遗赠案"，[43]它们都涉及了对"公序良俗"原则的解释。在"泸州案"中，二审法院认为遗赠人与受遗赠人之间存在的婚外同居关系违反了公序良俗原则，因此遗赠人的遗赠行为无效。"深圳案"与"泸州案"的基本法律关系是相似的，且深圳案二审法院与"泸州案"二审法院两者的观点一致，但"深圳案"一审法院则不同，它认为虽然婚外同居关系违反了公序良俗原则，但婚外同居与遗赠人的遗赠行为没有因果关系，遗赠行为不因同居关系而当然无效。当法院最终选择根据法律原则作出裁判时，它其实在一开始就找到了它认为的"正确"的裁判结果。换言之，法院在判决时持有某种外在于法律的道德立场。不过，在处理具有道德争议性的案件时，道德立场的存在是不可避免的，即便有人声称法院不应持有任何道德立场，这种观点本身就是一种道德立场。[44]因此，解决问题的关键不在于评判道德立场的对错，而是去回答正当性的裁判结果究竟为何。

裁判结果的正当性建立在合法性与合理性之上。当个案中法律规则与法律原则起冲突时，人们就会对裁判结果的合法性莫衷一是。在这种情况下，法院只能通过诉诸裁判结果的合理性来论证其正当性，即法院需对裁判结果进行"合理性"测试。根据"浅"的建议，讨论合理性要围绕事实本身展开，并且运用类推思维来作检验。回到"深圳案"中，二审法院系通过"婚外同居行为违反了公序良俗"来否定遗赠行为的效力，故其显然认为两者之间存在着关联性。这种关系可以表述为：受遗赠人凭借婚外同居行为获得了遗赠。这同时也反映出了二审法院所持的部分道德立场，即任何人不能因不正当的男女关系获利。这种道德立场在"泸州案"的二审判决中其实也有所体现。单论这个观点，人们大概率会持赞同意见。但如果结合"深圳案"的案件事实，人们可能又会产生动摇。具言之，人们可能在认同这个抽象的道德立场的同时，又觉得受遗赠人有权获得一些遗产。理由可能是她对遗赠人尽到了抚养义务，或者遗赠人与其妻子分居多年早已无夫妻感情等。这一矛盾的产生起源于抽象的道德立场已经脱离了案件事实。无论判决的作出是否受到了这种道德立场的影响，法院都没有给出遗赠行为因婚外同居行为违反公序良俗而无效的充分理由。

如果"深圳案"二审法院参考了"浅"的建议，它的做法应当是围绕事实展开讨论，并回答以下两个问题：遗赠行为是否因婚外同居行为而无效；该行为本身是否违反公序良俗。为方便起见，讨论本案中遗赠行为的效力时，不再考虑存在其他无效事由的可能性。如果存在其他无效事由的话，法院完全可以通过其他事由来认定该行为的无效，而回避公序良俗原则。关于第一个问题，民事行为的基本理论是，非主从关系的两个行为之间应各自独立的发生效力，彼此不发生效力的影响。婚外同居行为和遗赠行为是两个相对独立的行为而不是具有主从关系的两个行为，因此，遗赠行为的效力只能依其自身的内容进行判断，而不应受制于其他行为。虽然受遗赠人获得遗赠财产与婚外同居行为有一定关系，但受遗赠权的产生却并非直接基于婚外同居行为，婚外

---

43 "四川泸州遗赠案"和"深圳房产遗赠案"均已为学界熟知，其案情与判决内容本文不再赘述，详可见：〔2001〕纳溪民初字第 561 号民事判决；〔2001〕泸民一终字第 621 号民事判决；〔2018〕粤 0305 民初 2160 号民事判决；〔2019〕粤 03 民终 21725 号民事判决。

44 参见黄伟文：《道德争议案件与司法的合法性——对"泸州遗赠案"的反思》，《西部法学评论》2011 年第 5 期。

同居行为不一定能取得受遗赠权，而是基于遗赠人的遗赠行为。[45]遗赠行为不可能仅因与婚外同居行为存在一定关联性就被认定为无效。关于第二个问题，德国法院曾提出："使作为法律行为的终意处分违反善良风俗的决定性原因，在于被继承人之反映在法律行为本身之中并且企图获得实现的不诚实的想法"。[46]在这一观点的激发下，法院无需抽象地解释公序良俗原则，而应当根据案件事实来判断遗赠行为动机和结果是否体现或强化了婚外同居行为的不道德性。在动机方面，如果行为人的动机是维持或发展不正当的婚外性关系，那么自然是有违性道德且损害家庭关系的。但实际上行为人已经垂垂老矣，且结合各方面事实，他的动机应当是为了酬谢多年的抚养之情，给受遗赠人提供生活保障；在结果方面，行为人有权利处分属于自己那部分的财产，该遗赠行为并没有减损任何人的利益，其结果并没有造成不利影响。因此，该遗赠行为从动机和结果两方面考虑均无法体现或加强婚外同居行为的不道德性。于是，通过"浅"的方式可以得出以下结论：将遗赠行为认定为无效是不合理的。另外，在进行合理性测试的过程中，适当地运用类推思维会有助于法院迅速找到评估争议事实的方法与结论。在深圳案中，法院可以作如下类推：根据法律规定，遗赠人具有高度的意思自治的权利，既然他有权把自己的遗产遗赠给一个完全陌生的人，难道他不可以将遗产遗赠给一个抚养自己多年的人吗？在类推思维的激发下，法院肯定也会意识到裁判结果在合理性上是站不住脚的。

结 语

司法最低限度主义充分展现了"就事论事"的智慧。在判决成本上，它注重办案效率，只求做好解决当前纠纷所必要的工作，避免让法官承受多余的负担。在论证的深度上，它追求能够释明结果合理性的理由，而不热衷于提供过分深刻的理由，更不是不提供理由。在与民主的关系方面，它将允许并促进审议民主视为己任，在某些会阻碍到审议民主的案件中，它会适当地放下自己的克制。在国家权力的分配方面，它希望法院做好自己应尽的工作，同时劝告后者不要轻易僭越其他政府分支的权力。

在讨论司法最低限度主义对我国的启示时，本文将"窄"和"浅"这两个核心特征作为了切入点。"窄"的启发在于，法院需正确地判断个案中哪些问题必须处理，而哪些问题可以回避；"浅"的启发在于，当法院打算根据法律原则作出判决时，务必要检验自己所认为的"正确"的结果是否具有合理性。如果能把这些内容适当地融入我国的司法实践当中，相信必然会发生促进彼此的"化学反应"。

Judicial Minimalism: Theory, Method and Its Use for Reference

Xie Xiaoyao   Wang Zheng

Abstract: Judicial minimalism is a complete set of judgment strategies to deal with difficult constitu-

---

45　参见张锋：《以遗嘱形式将财产遗赠给非法同居者的效力——兼评黄永彬遗赠案，熊毅武遗赠案》，《广西社会科学》2003 年第 10 期。

46　转引自邵建东、丁勇：《情妇遗嘱是否违反善良风俗——德国联邦最高法院"情妇遗嘱案"评析》，《中德法学论坛》2003 年第 1 期。

tional cases. It has both procedure and entity aspects. The former is a thinking mode of judgment with the core characteristics of "narrow scope of judgment" and "shallow reason of argument". The latter is the substantive principle outside the constitution condensed from a great deal of judicial practice. Its central proposition is that in order to allow deliberative democracy to better improve existing law, the judicial referee should limit the legislative system as little as possible. Therefore, it suggested that the court in case to achieve a "narrow" and "shallow" judgment. In fact, this proposal has implications for our country. It helps the court to make less controversial and even promote the progress of the rule of law in difficult cases involving moral facts.

Keywords：Judicial minimalism, Moral controversy, Judicial referee, Deliberative democracy

凯尔森纯粹法理论的理论问题、思想渊源及其对实证法理论的修正

牟利成[*]

摘 要： 作为一位新康德主义者，凯尔森纯粹法理论最典型的特点就是对康德思想、问题或方法的继承。他把证护康德传统中的自由作为纯粹法理论的"使命"。凯尔森的纯粹法理论面临的主要理论问题是关于意志自由的问题，他坚持自由才是秩序的基础，却试图通过引入"规范"，在让自由意志受到威胁的实证主义法律自身内部突破奥斯丁传统实证主义法学的困境。凯尔森的方法是先验的，他先假定有一种预设的规范体系的存在，法律体系本身是一种不包含具体处理质料的规范形式性体系，法律的实质内容蕴含在规范的"应当"中。该种"应当"型构了人的意志意义。

关键词： 凯尔森 纯粹法理论 理论问题 方法论

引 言

社会取向的法律思想家在实践中多关注人的社会关系——即社会性对法律构建的影响，关注法律的稳定性、合法性及其社会基础。随着人与人之间社会关系的动荡，社会性法律思潮渗透到了包括新康德主义法学在内的法学各领域。如新康德主义法学家施塔姆勒就认为：人的社会生活受到外部规则的约束，这些规则（法律被看作是一种规则）是保证社会生活成为可能的条件；如果社会生活反映为人与人之间的关系，那么社会性制约规则在不停地定义着这些关系；规则本身在社会中具有相对的独立性，不受其所制约的生活和关系的影响。[1]施塔姆勒这种关注社会规则外部强制性的观点，很显然迎合了一种实证主义的潮流，而更加类似于外部社会对个人意志施加强制性的社会实证主义。凯尔森曾宣称："法律是人类行为的秩序。"[2]它经由特定的法律方法被创制，"表征着社会组织的一种特定技术。"[3]这种技术在本质上是一种通过制裁的系统使用而运作的强制方法；由法律秩序授权实施制裁的政府官员和代理人负责实施。这让"法律这一概念呈现出具有高度社会性的意义面向"[4]。

---

[*] 牟利成，复旦大学法学院博士研究生，山东大学法学院（威海）副研究员。

1 Max Weber, *Critique of Stammler*, translated by Gry Oakes, New York: The Free Press, 1977, p.82.
2 Hans Kelsen, *General Theory of Law and State*, Harvard University Press, 1949, p.3.
3 Ibid., p. 5.
4 Ibid., p.19.

凯尔森的纯粹法学面临的主要理论问题也是关于意志自由的问题，但他试图在让自由意志受到威胁的实证主义法律自身内部寻找可能解决困境的答案。他对在法律中引入社会性因素持坚决拒斥的态度，因为在他看来，奥斯丁的实证主义法学理论之所以没有让法律最终走向独立，就是因为他在其理论中强调了法律的社会性，从而让法律向主权者——一个独立的权力实体——敞开，这实际也就等于让法律向社会习俗、道德、历史以及政治意识形态敞开。其后果不仅影响了法律自身的独立地位，而且危及人意志自由这一根本性的人类价值。所以其纯粹法学的任务就是重新完成对这些社会性因素的排除，重新让法律成为一个封闭的系统。与此同时，纯粹法学理论在一定程度上还要对抗法律实证主义——拒绝把法律看作是一个外在于个人，并用以规制个人的外在的物化体系。他的办法就是在重新封闭法律的同时，让法律作为人的意志意义构成。

一、纯粹法理论的理论问题来源与"使命"

随着第一次世界大战爆发，在战争中人的生命变成一种"不堪承受之轻"。工业革命以来的美好愿景伴随着战争中几千万人生命的陨落仿佛一夜间烟消云散。人们开始重新审视这个世界，审视个人的生命、自由、权力、权利，审视作为某种外在事实的国家和人们所处的社会。面对这种对社会秩序的重新思考，社会学家和法学家都把目光转移到了道德、习俗、法律规范和社会规则等可以有效联结人民的纽带上。但作为一位新康德主义者，凯尔森坚持自由才是秩序的基础。由此，他把证护康德传统中的自由作为纯粹法理论的使命。

凯尔森在新康德主义阵营中，作为其中的一员展开自己的法理思考和理论构建。康德和新康德主义者的法学思想曾深刻影响德国法治进程。[5]新康德主义有两个学派：一个是以柯享为代表的马堡学派（Marburg-school）——以对精确科学的逻辑研究而著称；另一个是以文德尔班为代表的海德堡学派（Heidelberg-school）——文德尔班、韦伯、李凯尔特、齐美尔等诸多该学派的新康德主义哲学家强调一种人文主义或人道主义的"精神科学"或"文化科学"，以对历史和文化科学的研究以及先验价值论而著称。这两个传统中的学者尽管都信奉康德的认识论和方法论，但内部也有对话甚至争论。如深受海德堡学派影响的韦伯就对偏向于马堡学派的施塔姆勒提出过尖锐批评，并明确表达了自己作为海德堡新康德主义者的立场。他认为施塔姆勒试图在人类社会生活中寻找或建立客观规则的努力是徒劳无益的。人类社会不同于自然界，人类行动也不同于物体的运行。人类社会的因果规律无法藉由观察人类行动的外部特征来获得，而必须通过对行动之主观意义的理解和阐明来发现。对于那些以"经验的法律秩序"呈现出来的知识，只是人类行动的一个限定，或者说在某种程度上它们是人类行动要突破的障碍。由此，当一个行动者携带着自己的主观意义行动的时候，他总是在试图去理解、把握这些外部经验的基础并小心翼翼地去突破它们、违反它们或是去适应它们。[6]以狄尔泰、韦伯、李凯尔特、西美尔和拉德布鲁赫等人为代表的海德堡派新康德主义者认为，经验性外在于主观意义的规则实际上构成了对人的限制。在实证主义者那里，社会规律的获得意味着集体性或共性东西的不断浮现和个体性特色的消褪。他们把这

---

5 参见刘建伟：《新康德主义法学》，法律出版社 2007 年版。

6 Max Weber, *Critique of Stammler*, *translated by Gry Oakes*, The Free Press, 1977, p.132.

一点看作是人类在找寻社会规律的旅程中必然要付出的代价。现代自然科学和实证主义思维引导下的社会科学，强调观察、数据收集、数理统计和推论逻辑在社会和人之行为领域的应用。[7]至此，人以及人的行为成为了社会科学待处理的客观性"材料"。这一点是几乎所有新康德主义者都无法容忍的。

韦伯对借用科学和实证主义之名损害人意志和自由的理论表现了反感。他显然更倾向于一种个体性的构建，把法律和规则看作在人行动意义参与下的构建过程和结果。[8]所以他把人类行动放到人与人之间的关系和互动中来考察，他发现在长期的互动实践中，人们的社会行动会逐渐趋向某些具有"实践常规性"的规范，这些规范就是人们生活于其中的"习俗""习惯""日常性知识"和"法律"。这些社会规范之间的界限因为互动的展开而呈现一种流动的状态。它们在相互交织、相互作用中构建出社会秩序。由此，在新康德主义者看来，那种试图通过法律或对人类某种互动状态的固化来"创制"秩序的看法是值得怀疑的。

凯尔森深受韦伯的影响，同时也深受马堡学派和"维也纳小组"逻辑实证主义的影响。后者让他宣称自己的纯粹法理论是实证法理论。但他的纯粹法理论与通常意义上的实证主义法学理论不同的地方在于：他并没有把韦伯怀疑的"法律或者某一种人类实践的互动状态的固定形态"看作是一种事实，而是一种承载着人类行动意志的规范。法律规范所建立起来的秩序也不是一种实然的法律秩序，而是一种被设定的"应然"秩序。既然规范是设定的，自然就不需要验证，也不能进行验证。凯尔森这样做是为了保证所设定的规范里要蕴含着人类的意志意义，保证这些指导人之行动的规范既是设定的，又是由人类的意志行为创造的。这种排除了道德意识之法律的规范性界定，如果不能结合其认识论、方法论和理论构建的康德主义传统，那么在实证主义法学中会显得非常奇怪，这也是纯粹法理论让人感觉晦涩难懂的原因。[9]

凯尔森在其最后修订版的《纯粹法理论》的开篇仍然一贯地坚持："纯粹法理论是一种实证法学理论。"[10]这是一种理论展开之前的法律科学宣称。实证主义最早由"社会学"一词的开创者孔德提出，在孔德提出"实证"一词之前，培根、伽利略、开普勒等人已经通过哲学和自然科学的发展论证了中世纪以来形而上学的主观荒谬性。自然科学知识和科技——主要是在因果律的指引下，通过观察和实验掌握自然界中不同变量的恒定不变的关系，即规律——应用于人类社会并在改造自然中取得惊人的成果，让社会科学家也开始兴奋不已。他们也试图像自然科学寻找自然规律那样，模仿其方法寻找出支配社会的规律。于是自然科学的因果归因方法在社会科学中被普遍使用。另外凭借被社会进化论和实证主义赋予的信心，社会科学家们野心勃勃地试图在自然社会观的指引下建立科学的社会学、法学和经济学等一系列现代社会科学。而社会学家孔德就是把自然科学研究模式引入社会科学的第一人，他冠以这种模式一个新的称呼——实证主义。

实证主义思想主要认为：我们唯一可获得的知识是关于外部现象的知识；这些关于现象的知识不是孤立而是相互联系的；我们永远不能如柏拉图以降的自然法那样，获得对现象本质的理

7　Lawrence Goldman, "The Origins of British 'Social Science', Political Economy, Natural and Statistics, 1830—1835", *Historical Journal*, Vol.26, 1983.

8　Fritz Ringer, *Max Weber's Methodology: the Unification of the Cultural and Social Sciences*, Harvard University Press, 1997, pp.36—44.

9　Sylvie Delacroix, Legal Norms and Normativity, Hart Publishing, 2006, pp.51—53.; Helen Silving, Analytical Limits of the Pure Theory of Law, *Lowa Law Review*, 1942, 28（1）, pp.1—13.

10　Hans Kelsen, *Pure theory of law*, translated by Max Knight, The Lawbook Exchange Ltd., 2005, p.1.

解，而只能以试验和观察的方法获知事实或现象之间的关联；对规律的寻找也就变成了对事物因果关系的寻找。[11]按照实证主义给出的思路，社会科学在各自创建自己的学科、限定自身的研究领域、创建各自理论的过程中基本都关注社会现象和"社会事实"，并把它们确定为自己的研究对象，并且在处理这些对象时，把人类行为以及社会的事件当成类似于自然科学中的"事实性"材料予以"处理"。社会科学研究者的工作就是在不同的事实材料之间寻求因果关联。对此凯尔森不以为然，区分社会学（法社会学）和法学成为凯尔森的一个重要理论任务。而这一任务是在与一些主要的社会学和社会学法学家对话中完成的。涂尔干、韦伯、埃利希、康特洛维茨，甚至美国的霍姆斯和卡多佐都曾是凯尔森对话的对象。[12]

凯尔森通过与社会学、社会学法学的对话，逐渐明晰了自己关于法律的主题。也因此，采用社会学法学的理论问题及方法论视角重新审视凯尔森的纯粹法理论，则其理论对社会学、社会学法学的超越会更清晰地浮现出来。社会学、社会学法学通过让自己的理论与关于社会中人与人关系构建的思考紧密相连，在相关知识域和方法论领域取得了被肯认的成果。以这些成果反观凯尔森的纯粹法学理论，则对其不足可能会做出更为客观的审视和批判。甚至可以说，在这种对话中，社会性法学所采用的应对社会问题的方法不自觉地影响到了纯粹法理论的构建。

二、凯尔森纯粹法理论的思想渊源

莫里森认为："批评者对纯粹法理论的严谨性感到惊讶，但发现其纯粹性是形式主义泛滥的一个例证……但实际上对凯尔森形式主义的指责是最愚蠢的。那我们如何才能走进凯尔森的纯粹法理论？要真正理解纯粹法理论，必须了解凯尔森的政治和社会观念和他知识的多元主义体系，只有掌握了这两点，纯粹法学的意义才可能真正呈现，其在现代性洪流中的地位才能被真正揭示。"[13]莫里森看到了大多数学者所没有看到的，即要理解凯尔森的纯粹法学不能首先纠结于其"纯粹"，而要先把其理论关怀或理论问题梳理出来。整个的凯尔森纯粹法理论实际是他使用多元知识体系表达特定理论关怀和使命的事业。

对凯尔森理论的"误解"主要源于其与奥斯丁、哈特、拉兹为代表之分析实证主义法学的关系。凯尔森对奥斯丁的法理论多有批评和对话，并且他宣称自己的纯粹法学和奥斯丁的分析实证主义法学在理论目的上有诸多"相似"之处，加之凯尔森自己也把纯粹法理论划归在实证法类别之下。[14]这往往给人这样一种误解：纯粹法理论作为一种实证法理论是对奥斯丁法理论的继承和发展。但实际上，凯尔森所说的"相似"只是集中在二者都主张法律科学的独立性、都关注法律与权威、意志和强制的关系。凯尔森纯粹法理论的知识资源、方法论传统、基本的概念系统和论证逻辑都与奥斯丁的分析实证主义有根本的区别，或者说凯尔森和奥斯丁分属于不同的理论传统且具有完全不同的"师承"。

作为一名新康德主义者，凯尔森纯粹法理论最典型的特点就是对康德思想、问题或方法的继承。而康德一生念念不忘的就是启蒙的遗产——自由。凯尔森从康德那里继承了"自由"，但他

11　John Stuart MILL, *Auguste Comte and Positivism*, translated by Kegan Paul, Trench & Trubner Co. Ltd., 1907, p.6.

12　Hans Kelsen, *General Theory of Law and State*, translated by Anders Wedberg, Harvard University Press, 1949, pp.162—178.

13　Wayne Morrison, *Jurisprudence: From the Greeks to Post-Modernity*, Taylor & Francis Group, 1997, p.324.

14　Hans Kelsen, *General Theory of Law and States*, translated by Anders Wedberg, Harvard University Press, 1949, pp.30—37.

不想让自由仅仅是具有形而上学性质之抽象自由，在他看来，这样的自由无疑等同于自然法中的正义和善。如何构建一个足以能证护个体自由意志的法律体系？同时又让这一体系能够不受个体意志任意性的影响而独立存在？第一个问题构成了凯尔森的理论问题，而第二个问题则成为他理论构建的方法论和逻辑论证命题。凯尔森的第二个命题被广泛讨论，但更为重要的第一个命题却鲜被提及。原因在于纯粹法理论通过其纯粹最终呈现给我们的纯粹法律形态是一个由形式性"规范"搭建起的规范体系。按照通常实证主义法律和理性主义的思路，既然"规范"呈现为一种理性形式，那其必然不能容纳实质理性的内容。从韦伯以来，法律形式理性与实质理性的冲突似乎已经变得不可避免。由此，很多人仅仅把凯尔森以及他的纯粹法理论看成是"极端实证主义"的代表——把"规范"塑造成了某种类似于"事实"之实证研究对象，进而构建起了一种没有内容的规范形式体系。[15]

凯尔森的理论关怀和使命到底是什么呢？"归根结底，凯尔森追随韦伯，认官僚制对现代国家来说是至关重要的。"[16]但官僚制毕竟只是一种空洞的结构形式，由此凯尔森有了一个法律构建的野心：沿着韦伯理论构建的进路，让一种空洞的结构变为一种法律的秩序——一种填充了人之意志的法秩序。这一点贯穿了凯尔森整个法律构建的过程，成为他最基本的理论关怀和一生的志业。

纯粹法理论承袭了新康德主义的人文与价值传统。自康德和黑格尔之后的新康德主义者狄尔泰、文德尔班、李凯尔特、施塔姆勒、韦伯等都清醒地意识到外在的物质世界和人的内在世界的区别。狄尔泰、韦伯、李凯尔特和施塔姆勒等新康德主义者都关注人的价值判断，他们都承认价值是生命的根源，人的生活世界中充满了价值，之所以这些价值存在是因为人的价值观的存在。社会科学工作者在进行研究的时候，因为价值的存在，其处理的不再是自然科学中的"现实事物"，而是一些价值关联——韦伯称为价值判断。价值判断根源于主观，"是完全具体的、高度个别化地形成和构造起来的'情感'、和'愿望'或者是关于某种仍旧具体地形成的'应当'的意识。"[17]由于这种价值判断的介入，实在成为文化科学的对象。

关于凯尔森多元主义立场在学界也是有争议的，这种争议主要围绕"多元主义"是否作为一种意识形态而展开。基库·利（Keekok Lee）认为，凯尔森只是给我们提供了"一个作为秩序哲学的法实证主义概念而不是一个概念性的革新，在其给出的概念中，良善秩序的观念是缺失、细微而不重要的。如此，法律所做的只不过是提供了一个强制秩序。"[18]利教授进一步认为凯尔森没能建立起一种正义的理论，由此他的法律实证主义成了一种维护秩序的东西。但实际上，去除法律科学构建正义和"善"之秩序的义务正是凯尔森纯粹法理论的使命。也正因此，纯粹法理论让正义对经济学家、社会学家、政治学家以及普通人重新开放。利教授很显然只关注了凯尔森把法律当成特定社会技术的面向，或他对"纯粹"规范结构构建的努力，而没有注意到他所构建的这种社会技术具有实现不同目的的可能性，恰恰正是这种多元可能性中，蕴含着凯尔森的人文与多元主义立场。这一点在法律规范的性质讨论中体现得尤为突出。纯粹法理论的多元性在其理论构

15　See F. S. C. Joyotpaul Chaudhuri, Northrop and the Epistemology of Science: Elements of an Objective Jurisprudence, *South Dakota Law Review*, Vol.12, pp.86—110 (1967).

16　Wayne Morrison, *Jurisprudence: From the Greeks to Post-modernity*, Taylor & Francis Group, 1997, p.320.

17　马克斯·韦伯：《社会科学方法论》，韩水法、莫茜译，中央编译出版社 2002 年版，第 98 页。

18　Keekok Lee, *The Legal-Rational State*, Avebury, 1990, p.188.

建过程中呈现为一种多维性——所使用方法多元和论证涉及知识领域的多样化。但最终这些被以多元方式使用的方法和知识域在纯粹法理论的问题或理论目的中获得统一。

三、纯粹法理论对传统实证主义法理论的修正与推进

凯尔森的纯粹法理论与其说是一种实证主义法理论，不如说是一种关于法律方法的理论。在现代社会科学中，任何一种理论往往都是围绕特定问题的普遍性陈述，也就是说理论的动力往往是一种普遍性的问题意识生发和对相关问题的陈述。从相关论述来看，凯尔森的问题意识主要集中在法律的科学化方面，对此凯尔森自己坦然承认："我致力于纯粹法学二十余年。所谓纯粹，乃剔除法律理论中一切政治意识形态与自然科学因素之谓也，概言之，欲令其省察对象之独立自主，觉悟自身之卓尔不群。法学已几近缩减为法律政策之计较，诚可叹焉。则我之心意，便是令其恢复真正科学（人文科学）之格位。"[19]

实证主义的方法最早由"社会学"一词的开创者孔德提出，在孔德提出"实证"一词之前，培根、伽利略、开普勒等人已经通过哲学和自然科学的发展论证了中世纪以来形而上学的主观荒谬性。而采用实证的方法就意味着把科学规律与对具体事实的观察结合起来，尤其要尽量避免总是有着形而上学性质的思辨。主张实证主义的社会科学家相信：一旦建立起了实证的社会科学，实证主义作为一门囊括了科学知识的体系，将是统一而完整的。因为我们所有的思想将是科学的，从而也是同质的。由于这种实证的社会科学将建立在对社会事实观察的基础上，未曾依赖神学和形而上学的教条，所以它将获得自然科学般的确定性和绝对权威性。当时的人们相信：只要牢固地掌握了社会的科学规律，就能更有力地控制社会这个有机体，并且在实证主义的帮助下，社会科学可以像发现和预测自然规律一样发现和预测社会规律。[20]

按照孔德的观点，实证主义大体有如下坚持的观念和特征：我们唯一可获得的知识是关于外部现象的知识；这些关于现象的知识不是孤立而是相互联系的；我们永远不能获得对现象本质的理解，我们只能以关联性和类比的方法获知事实或现象之间的关联；事物之间的关联是持续恒定的，在相同的外部环境下，关联的方式也是恒定而可知的；事物的因果关系就是事物呈现出来的规律，现象的规律也一定是关于事物因果关系的；事物的本质和终极原因永远是处在人类知识之外的一种知识，在这些知识面前人类应该保持沉默。[21]

凯尔森纯粹法理论中的方法论有明显的对上面实证主义主要观念和特征的违背。首先，纯粹法理论宣称其反对自然主义的观念。它同时宣称自己作为研究规范的法律科学，反对一切旨在以外部社会事实的因果关联作为自己研究出发点的科学，并以此来宣誓作为社会科学的法学与自然科学的不同。既然社会科学不同于自然科学，那他就应该通过一种不同于因果律的方式被描述。社会不同于自然，它是一种人类行为的规范性秩序；其次，社会科学是关于人类的共同行为的，其适用原则不同于适用于自然界事物的因果律，凯尔森把这种不同的原则称之为"归责"。尽管

19　Hans Kelsen, *Pure Theory of law*, translated by Max Knight, The Lawbook Exchange Ltd., 2005, Preface.

20　参见［美］乔治·瑞泽尔：《布莱克维尔社会理论家指南》，凌琪等译. 江苏人民出版社 2009 年版，第 25—26 页。西美尔关于形式（纯粹）社会学的论述可以参见 *The Sociology of Georg Simmel*, translated, edited by Kurt H. Wolff, Glencoe, Illinois, The Free Press, 1950。

21　John Stuart Mill, *Auguste Comte and Positivism*, Kegan Paul, Trench ed, Trubner & Co. Ltd., 1907, p.6.

因果和归责处理的都是两个对象之间的关系问题，但其区别是根本性的。在因果律下，被处理的对象是不可能有任何自我意志的，但在法律规则之下处理的对象确是有意志的行为，因为规范本身就是意志行为的产物；规范处理的内容是意志行为，这种行为因为人的意志性而必然不会总是以某种有规律的方式发生。即规范规定的行为不一定发生，而因果规律一旦建立起来，相同的原因再次出现的时候一定会导出一个同样的结果。法律科学的对象因为是规范，法律的价值评判就是由规范来完成的。即在法律中存在对与错，是与非的评判，这种评判的标准是规范；但是在自然科学或按照自然科学逻辑构建的社会科学中，它的基本的要求是价值无涉的，对于价值判断和终极追问是在其研究的知识范畴之外的。[22]

至此，凯尔森把孔德以来的实证主义方法论的主要观念和特征几乎全部否弃了。在完成了这个工作之后，他没有再继续通过内部观念或者具体方法特征就自己的方法是实证主义的做过进一步的证立，而是转而批判形而上学方法论、自然法学方法论以及价值（正义）方法论。他的意图很明显，除了自己纯粹法学理论构建的需要之外，他要通过批判这些非实证主义的方法论，构建摆脱因果律和外部事实的法律实证主义。

从事实到形式与从形式到事实是两种不同的实证主义的进路，分析实证主义法学往往采用第一种进路。分析法学的方法是后验的，它完全建立在实在法所提供的材料的基础上。基于材料，它进而根据其主题所暗示的分类原则以及人们对它所作的运用进行安排和分类。凯尔森的方法是先验的，他先假定有一种预设的规范体系的存在，在此基础上法律作为一种规范体系才成为可能，甚至法律体系本身也就是一种不包含具体处理质料的形式性规范体系。规范的内容是人的意志意义。

分析法学中的实在法事实上承认各种可以被具体化乃至量化的权利与义务，并切实采用法律规定的方式保护和实施它们。在分析实证主义法学那里，法律源于国家主权，因而没有国家就没有法律。分析法学家要做的是对那些主权者实际向其臣民或公民以发号施令的方式进行宣告的东西——法律——进行系统而科学的揭示。但是就其中的对与错、正义与非正义进行讨论不是分析实证法学的任务。对于分析实证法学家来说，没有形而上意义上的对与错、善与恶、正义与不正义，他们所有能知道的只是根据实在法的"符合性"指出的法律上的对与错、正义与非正义。因而，对与错、正义与非正义分别意味着对法的遵从和对法的违反。实在法作为法律自身，不存在合法或违法，因而法自身既不是正义的也不是非正义的，同时也是无关对与错的。

对此凯尔森也给出了自己的修正：他坚决反对把法律当成是没有人的意志，而只关注人的外部行为事实的法条主义，认为只有在把法律规范当成一种有关人类行为意义的规范，法律才因为是来自于法律规范的"法律规则"而最终成为法律。凯尔森举例说，"偷盗应该惩罚"，这句话可能在法律上被表述为："偷盗要被收监。"[23] "但是，这只是某种语言表达的形式，法律不关注规则式法律描述的语言意义，其关注的是法律创制和规范授权行为的意义。"[24] 人的主观意志及其创造性，在凯尔森的纯粹法学理论中被坚定地维护并保留了下来。

22　Hans Kelsen, *Pure Theory of Law*, translated by Max Knight, The Lawbook Exchange Ltd., 2005, pp.76—79.

23　"收监"这个词在大陆汉语中，特别是在法条中不怎么被使用，凯尔森的原话是："Theft is punished by imprisonment"。为了简洁，笔者使用了"收监"一词。可能在法律术语上不规范，但是如果能更清楚地说明凯尔森的意思，在某种程度上损失一些规范性希望不会影响问题的说明。

24　Hans Kelsen, *Pure Theory of Law*, translated by Max Knight, The Lawbook Exchange Ltd., 2005, p.72.

在凯尔森的论述中，基本规范给人的印象只是起到了认识论的作用。它赋予了一个法律体系以统一性，使整个法律体系具有了规范意义。这种"规范意义"按照凯尔森的表述，其内容是意志行动的意义。但按照新康德主义海德堡学派李凯尔特和韦伯[25]的观点，要理解人的行为意义必须在特定互动语境中加入主观的理解，即人的行动及其意义永远不能离开人的主体性参与。而凯尔森的纯粹法理论，除了以认识论意义上的规范作为某种认识或解释的框架外，没有解决如何保证主体意义直接传递的问题。也就是说，在凯尔森理论中认识论框架和个人行动创造主观意义的实践性行动之间的关系仍然需要更充分的逻辑证成。

凯尔森为了建立起真正的法律科学而要在认识论和方法论方面拒斥道德和自然法。但需要注意的是，为实现法律的"科学化"，即建立起"法律科学"，其要处理的对象（或按纯粹法学的说法，其要排除的对象）与法律——作为社会秩序达致的手段——要处理的或摒弃的对象要求是不同的。不进行这样的区分，把建立法律科学的前提条件——把自然法观念和道德意识形态摒弃出法律——与让法律发挥社会功能的条件等同，会让纯粹法理论在处理自己的理论对象方面出现不该有的模糊不清和混淆。这是一个理论所要面对的两个不同的任务，这一任务让纯粹法理论延循两条路径展开——建立法律科学和建立法律体系。由此纯粹法理论必然要求对法教义[26]和法解释[27]进行严格的区分，并对其各自成立的条件作出严格的界定。凯尔森在前期把主要精力放在纯粹法理论何以可能——即法教义学的论证上，而对法解释的理论面向没有给予过多的关注，但后者恰恰与其理论问题密切相关。因为，对纯粹法理论的理论问题而言，法教义的体系和形式恰恰需要法解释来支撑和证成。

法律如果被简化为法律规范体系，那其中是否含有人类的意志？西方启蒙思想的核心，被康德肯定并铆定的一个信念是：人的意志不能被任何外在奴役和驱使，它只服从于自身，即只有意志才能打理意志。[28]人类的意志往往被表述为诸如"正义诉求""公意表达"等，并以法律的形式呈现。但如纯粹法学所主张的，规范只表达应当而不关注谁的应当，那"如果A，应当B"的陈述有何意义？如果其不承载意义，那这样的陈述也只不过是一些关于"应当事实"的事实性陈述。这样的话，说法律规范是关于应当的陈述，不如说是关于一些实事的陈述，除了概念上的意义之外，也就没有什么区别。即表征"应当"的规范如果排斥"应当"中的人类意志它就会走向形式，即表征"应当"的规范成为一个"实体性概念"，从而成为可以被实证主义法学研究的对象。

结　　语

凯尔森以及他的纯粹法理论所面对的问题是：当规范体系自身的构建成为可能之后，其是否

25　严格来说很难把韦伯归到新康德主义西南学派，但是其思想深受狄尔泰和李凯尔特等人的影响。

26　"法教义学"是关于法律是什么的理论科学，其是法学家的对象，法律科学化属于一个学科构建的问题，是法教义学应该处理的内容。而法解释学涉及法律的适用，是法律从业人员要处理的对象和内容。关涉法律的现实性适用和功能发挥。这是法律两个不同的面向。

27　此处的"法解释"不仅是指方法和方法论意义上的，而更多是理论功能性方面的。即在纯粹法理论中的法解释即使关注法律的立法和司法适用，但这不是主要的，其主要关注这样的理论问题：法律（规范）必须通过法解释被适用，因为如果做不到这一点，或者法律（规范）不能通过法解释而发挥功能——使法律具有实效，那经由人制定的法律（规范）中所蕴含之人的意志就无法被实践，这最终可能导致纯粹法理论构建的失败。凯尔森关于法律"效力"和"实效"区分的理论重要性也正在于此。

28　See Immannuel Kant, *An Answer to the Question*: "*What is Enlightenment?*", Penguin Book Ltd., 2009.

还能收容作为人的自由意志? 从而真正让法律成为人自由意志的家园? 从纯粹法构建的整个进路来看, 凯尔森好像没能按照理论问题路径来构筑自己的纯粹法理论, 仿佛把大量的笔墨和论证重心放在了构筑一种纯粹法理论的认识论和方法论上。实际上, 当人们这样理解凯尔森的纯粹法理论时, 一方面, 其理论内容会因被解读成关于法学认识论和方法论的重构而造成理论误读; 另一方面由于对理论问题认知的缺失, 纯粹法理论会被解读成一种形式理论建构, 由此最有价值的理论核心反而因此被忽略。凯尔森纯粹法学前期法律体系的形式建构都是为了最终能放置下其理论灵魂而做的准备。到了晚年最后一部著作, 凯尔森才真正回到了自己理论问题的探讨上来。[29]

凯尔森纯粹法理论让人感觉晦涩难懂的一个主要原因在于该理论在构建过程中所使用知识的庞杂性和跨学科性。但沿着两条主线, 我们完全可以穿透那种看似晦涩和庞杂的表象, 把握住理论的核心。一条主线是纯粹法理论的形式主义法体系构建; 一条是把 "意志" 内嵌于形式主义法体系的进路。由此, 同时继承启蒙和现代实证主义传统, 凯尔森的纯粹法理论呈现出了人文形式主义的特征。

Theoretical Issues and Ideological Origins of Kelsen's Pure Theory of Law and Its Revision to the Theory of Positive law

Mu Licheng

Abstract: As a neo-Kantian, the most typical characteristic of Kelsen's pure theory of law is his inheritance of Kantian ideas, problems, or methods. He regards safeguarding freedom in Kant's tradition as the "mission" of pure theory of law. The main theoretical issue faced by Kelsen's pure theory of law is the issue of freedom of will. He insists that freedom is the foundation of order, but he attempts to break through the dilemma of Austin's traditional positivist jurisprudence by introducing "norms" within the positivist law itself, which threatens free will. Kelsen's method is transcendental. He first assumes the existence of a preset normative system. The legal system itself is a normative formal system that does not contain specific processing materials, and the substantive content of law is contained in the "ought to be" of norms. This "ought to be" constructs the meaning of human will.

Keywords: Kelsen, Pure Theory of Law, Theoretical Issue, Methodology

---

29 Hans Kelsen, *General Theory of Law and State*, translated by Wedberg., Harvard University Press, 1949.

图书在版编目(CIP)数据

复旦大学法律评论.第 9 辑.第 1 期/王伟主编.—
上海:上海人民出版社,2023
ISBN 978－7－208－18546－3

Ⅰ.①复… Ⅱ.①王… Ⅲ.①法律-文集 Ⅳ.
①D9－53

中国国家版本馆 CIP 数据核字(2023)第 181573 号

责任编辑 徐晓明
封面设计 周剑峰

复旦大学法律评论第 9 辑第 1 期
王　伟 主编

出　　版　上海人民出版社
　　　　　　(201101　上海市闵行区号景路 159 弄 C 座)
发　　行　上海人民出版社发行中心
印　　刷　上海商务联西印刷有限公司
开　　本　889×1194　1/16
印　　张　8.5
插　　页　2
字　　数　211,000
版　　次　2023 年 10 月第 1 版
印　　次　2023 年 10 月第 1 次印刷
ISBN 978－7－208－18546－3/D·4202
定　　价　45.00 元